大是文化

出手吧！活著就要上C位

能力比你差，機會總是比你好？因為你沒有被人看見、聽到。

高手讓我學到的變富、交友、處事最強法則。

全網5,700萬粉絲商業知識博主、曾為
《富比士》、《胡潤百富榜》人物提供聲望管理服務

恒洋 ◎著

目錄

第二章 普通人和厲害人的最大區別

第三章
當進化人，不做固化人

第四章 變富、交友、處事的最強法則

第五章 從領導自己到帶領部屬

推薦序一

為渴望改變現狀的人，找到自我提升的契機

先行智庫執行長／蘇書平

如果你正在尋找一本能點燃激情、推動行動的書，《出手吧！活著就要上C位》絕對值得一讀。本書凝聚了作者多年實戰經驗的精華，為那些希望在人生舞臺上脫穎而出的讀者量身打造。從個人成長到領導力養成，它循序漸進的為你描繪出一條通往成功的清晰路徑。

書中的最大特色之一，便是其清晰的結構與強大的實操性。全書以作者的親身經歷為基礎，摒棄晦澀難懂的理論，將看似複雜的成功法則拆解成簡單明瞭的步驟。無論你希望提升行動力、建立深厚的人際網絡，還是累積財富、鍛造領導力，

每個章節都滿載著實用的技巧與方法，讓你能即學即用，迅速付諸實踐，朝著目標邁進。

書中反覆強調「做進化人，而不是固化人」的理念，這是一個深具啟發性的核心觀念。作者認為，**成長的本質並非追求完美，而是學會在挑戰中找到突破口，並避免重複犯錯**。這種進化的思維模式，能幫助你以更靈活的方式應對困境，重新審視自身的能力與可能性。對於每一個渴望改變現狀的人來說，這種心態無疑是催化劑，讓你在每次困難中找到自我提升的契機。

書中的「剪刀、石頭、布」理論也是一大亮點，用這個簡單卻巧妙的比喻，揭示了**人際關係**的多層次邏輯。成功的祕訣**不僅在於競爭或合作，而是找到適合當下情境的互動方式**。這些洞察不僅能幫助初入職場的人快速適應，對於尋求打造影響力的領袖來說，也提供了經營人脈的新視角。

在財富的定義上，作者顛覆了傳統觀念。他指出，真正的財富不僅僅是金錢，而是信用與資源的積累。本書列舉了十個超經典賺錢思維，比如專業思維、長期思維和精益思維，幫助你理解如何將資源最大化的轉換成價值。這些觀念除了帶你全新認識財富的本質，還提供具體的實踐方法，助你構建穩固的財富基礎。

《出手吧！活著就要上C位》的價值除了提供知識，更在於其強調行動的重要性。書中系統化的呈現多種策略與工具，幫助讀者調整思維，並迅速付諸實踐。

如果你正處於瓶頸期，渴望找到突破的契機，那麼本書將成為你人生進化旅程的絕佳助力，讓你更接近屬於自己的C位舞臺。

（本序作者為先行智庫——該公司專注在人才升級與數位轉型的資訊科技管理顧問公司——的執行長。

曾任微軟資深業務應用經理和VMware資深通路業務商業開發經理和資深技術顧問，在高科技製造和資訊業服務十八年，歷練包含業務、通路、產品行銷、業務支援、專案管理及技術研發等不同部門，專長擅長於在新產品和新市場擴展，參予規劃的上市櫃公司和政府學校單位超過一千家。）

推薦序二

站上Ｃ位，是啟發更多人追求進步的起點

影響力教練、《職場原力》作者／楊琮熙

熟悉我的朋友都知道我內斂低調。

一群人站在一起，若能站在第二排，我絕不會站在第一排。一群人開會時，我心裡都希望不要點到我發言。

內斂對我而言，是比較正面的形容詞。但說穿了，就是容易害羞與緊張，總讓我不習慣站在人前表現自己。

許多人很好奇，我口才普通、不算能言善道，為何能在競爭激烈的大型組織中獲得年度優秀員工、最佳團隊貢獻獎等榮譽？這幾年還開始走向講臺授課教學、同

時不斷寫作，陸續出版《布局思維》與《職場原力》等書。

其實是因為我深知自己個性上的缺點，所以才努力調整自己的外在行為。因此我一直鼓勵大家：「低調也能有影響力。」

畢竟，在一個資訊爆炸的時代，沒有人能自動注意到你的努力或才華。**如果你選擇默默無聞，即使做得再好，也可能被埋沒。**

我總提醒自己：「**展現才華不應該被視為炫耀，而是提供一個讓他人認識你、欣賞你的機會。**」

這個觀念，恰好與《出手吧！活著就要上C位》不謀而合。

作者認為：「其實機會很少，如果你第一次沒有把握住，可能第二次就失去機會了。」因此鼓勵人們要勇於出手，努力站上C位，也就是核心位置。更重要的是，站上C位後的你，才擁有更多資源與影響力，讓更多人也站上C位。

書中提出許多幫助你勇於表達、展示自己的觀念與做法。從人際關係、管理時間、積累財富與培養領導力等面向，都提出精闢的見解。

雖然，在人生的不同階段，我們常常被教育要謙虛、低調，別太鋒芒畢露。但在現實世界中，**勇於表現卻是成功不可或缺的關鍵能力之一**。

「凡事主動爭取，才能成為生命的參與者，沉默只能做旁觀者。」我很喜歡作者說的這個觀點。

因為，當你選擇主動承擔挑戰或分享想法，你不僅是推進自己的目標，也是對團隊或社會展現責任感，代表你有能力解決問題。而選擇沉默，你可能會錯失幫助他人、改善現狀的機會。這也是為什麼，那些能勇於表現自己的人，往往被視為具備領導力與影響力。

祝福你，閱讀此書的同時，也學會適度展現自我，能成為他人的榜樣，啟發更多人追求進步，共勉之！

（本序作者曾獲上市櫃集團年度優秀員工、最佳團隊貢獻獎等榮譽。擁有國際NLP高級專業執行師認證，分享從組織領導管理至個人自我管理等主題的見解與觀察，具有豐富管理實務經驗，樂於分享對於領導管理、工作思考與個人成長的見解，並擅長將精湛理論與概念，透過教學、演講與寫作，深入淺出的呈現給職場工作者，文章散見《經理人月刊》、《Cheers快樂工作人》等媒體，協助百萬讀者發掘自我價值與提升正向影響力。

著有《布局思維》、《職場原力》，幫助人們發揮正向影響力。）

序言

出手吧，你沒有第二次機會被看見

所謂的出手，是指迅速、果斷、高效。

我們常聽到有人說，在這個世界上有很多機會，你要努力把握住每一次機會。但我想說，在我的世界，至少是我的成長經歷告訴我，其實機會很少，**如果你第一次沒有把握住，可能第二次就失去機會**了。

所以對於出手，我的理解是一個人在做一件事情時，第一反應、第一個決策、第一思維、第一邏輯是什麼？這非常重要。

在我們奮鬥和創業的過程中，其實很少有時間靜下心來深度思考，那麼遇到事情時考驗我們的，就是我們對於一件事情的認知高低，如果對事情的認知高，出手就會很高效、準確，進而達到效果。你要知道，**世上有時候連人際交往都很難獲得第二次機會。**

出手代表著你的水準、品位，以及在自己的世界中處在什麼段位。所以我非常喜歡這個詞，它代表著一個人在所有人面前和私人空間中，到底處在什麼水準。

在商業世界裡，我認為以下幾個方面需要具備出手的能力：

1. **果斷決策**：商場如戰場，敢於出手，快速決策，在競爭激烈的市場中就能搶到先機。
2. **把握機遇**：在商業世界中，機會稍縱即逝，出手能力強的商人在第一時間就能捕捉到商機，趨利避害。
3. **應變**：面對市場風雲的變幻，能否靈活應對，是商家生存和發展的關鍵。
4. **信譽和口碑**：懂得適時出手援助，建立良好人脈和信譽是商界的立足之本。
5. **資源整合**：在商業江湖中運籌帷幄，要善於出手整合資源，能在複雜的商業環境中取得優勢。

6. **謀略深遠**：不光反應快，還要有遠見，不只是為一時的利益，還要考慮長遠的發展和品牌的建設。

在商海（按：比喻充滿競爭和風險的商業領域）中，出手不僅是投入金錢，更是比較策略、智慧和氣魄。所以，每一次交易、合作和競爭，都是商業世界中的一場較量，精準出手才是取勝的關鍵。

對於個人，出手能力就是指他在採取行動時，反映出來的第一能力，這在許多方面都非常重要：

1. **解決問題**：在面對挑戰和問題時，能及時行動的人通常都會找到答案。
2. **抓住機會**：在生活和工作中迅速的採取行動，能抓住瞬息萬變的機會。
3. **體現領導力**：領導者果斷出手可體現決斷力，更能激勵和引導其他人。
4. **自我提升**：在個人發展方面積極的行動，是實現目標的關鍵步驟。

5. **維護社交關係**：在社交場合適時行動，有助建立和維護長期的人際關係。

6. **創新**：在創新的過程中，實施新想法是驗證和發展這些想法的必要步驟，也是出手的能力。

出手，不僅是行動本身，還包括行動時機、方式以及效果。這種能力需要與其他的技能、判斷力、知識和經驗結合才能達到最佳效果。而本書就是幫助讀者增強出手能力，讓眾人對你留下印象進而獲得更多機會。

第一章

為什麼你該站上 C 位

1 培養十二個愛你的人

人生需不需要戰略？不論國家或企業都有發展戰略，人生當然也需要計策。指南針的偉大，在於能在地理上為我們指明正確方向，而人生道路該怎麼走、走到哪裡，同樣也需要有指引方向的指南針。這個指南針就是人生戰略。

簡單來說，就是拿捏堅定不移和隨機應變的尺度，並基於全局考量，制定一個對自己長期有用的規畫。這也是在洞察與把握人生方向、成功路徑。

很多人跟我說要制定戰略，若我問：「你的戰略是什麼？」他們回兩個字：「賺錢。」這確實算是一種人生戰略，但我接著問：「你打算怎麼賺錢？」他們卻答不出來了。原因就是他們對自己沒有正確的認知，**缺乏明確的人生方向，即使再努力，也不一定能拿到想要的結果。**

企業的發展需要戰略，不過企業在制定戰略時，不會只停留在表面。比如可口可樂，你認為它只生產碳酸飲料，但它其實是一家做品牌的公司；你以為肯德基、麥當勞只做速食，它們其實是做房地產；你以為星巴克只是咖啡品牌，實際上，它是一家做空間的公司；你以為蘋果只賣手機，但它其實是兜售體驗的企業。

人生戰略也是。你需要清晰、深層的認知自己，比如清楚自身的優缺點，知道自己身處哪個圈子，「我」身邊有哪些可利用的資源等。

簡單來說，只有當你深刻了解身體之外、精神之上和生活之內的各層面後，再制定自己的人生戰略，才能讓方法更具體和清晰，提升實現目標的可能性。具體來說，你可以按照下面的步驟進行。

1. 做好選擇

很多企業在制定戰略時，會將營運與戰略混為一談。比如，一些企業把超越別人、比別人做得更好，作為首要目標，這其實是營運。戰略是尋找和選擇自己與別人不同之處並深耕，將這個點放大，使其成為自己最大的優勢，在市場競爭中立於不敗之地。就像《定位》（*Positioning: The Battle for Your Mind*）提到的，企業戰略的核心是三個字「差異化」。人生戰略也是如此。第一步是選擇一件你必須做的事，或一個你必須遵循的原則，然後深耕，讓它成為你最大的優勢。

有人可能會說：「我做了選擇，而且做了很多選擇，怎麼就不成功？」我要說的是，**真正的戰略是單選題，懂得取捨最重要**。把你想做的事、想實現的目標詳細列出來，然後對比、刪減，最後留下的那個就是最重要的，也是你最應該堅持——是你未來三、五年，甚至十年內都會堅持——的戰略目標。

2. 尋找支點

關於支點（按：指事物的關鍵），我舉個例子來說明。假如我想讓自己的身體越來越健康，該做什麼？方法有很多，比如堅持鍛鍊、飲食健康、充足睡眠等。但最輕鬆的一條路徑，就是找非常厲害的醫生，他／她就是你的健康支點。

我有一位朋友曾患有嚴重的皮膚病，為此他四處求醫問藥，卻始終不見好轉。某天，我們另一個朋友介紹一位醫生，醫生詳細詢問他的日常生活情況及服用藥物，最後問一句：「你家裡是不是養植物？」

朋友說：「對啊，我很喜歡養一些花花草草，看著心情愉快。」

醫生說：「我建議你現在停掉所有藥物，同時把家中所有植物暫時移到外面，或先放到其他房間，不要跟你直接接觸。」

朋友照做了。幾天後，他驚喜的發現，不但搔癢症狀減輕了，連皮膚上起的斑斑點點也開始減少。又過幾天，他皮膚上的問題都不見了，身體感覺比以前舒適、輕鬆。

這位醫生沒有開任何藥物，而是幫朋友找出過敏原，讓他重獲健康。這就是支點的重要價值。

3. 匹配資源

如果你確定了核心的戰略方向，也找到實現戰略的支點，接下來最重要的是尋找與戰略相匹配的資源以支撐你的戰略。我見過很多失敗案例，經分析後，我發現其中一個重要原因·就是不懂利用可匹配的資源。

創業者不能先看什麼市場最具潛力，而是看自己手裡的資源能支撐自己做什麼事；銷售員不能死盯著八竿子打不著的高端客戶，而該從身邊的人入手，服務他們，再由他們介紹更多客戶；大學畢業生找工作時，不是到市場上亂投履歷，而是以身邊的關係為切入口，了解企業的一些情況，運氣好的話還可以獲得推薦。

能充分利用身邊資源的人，才能當自己人生的操盤手。

我很喜歡科技教父凱文．凱利（Kevin Kelly，常被稱為KK）說的一句話：「培養十二個愛你的人，他們比一千兩百萬個喜歡你的人更有價值。」戰略就是對身邊的人有效布局。

比如，你希望獲得健康，就多交幾個關注健康的朋友；你若想獲取財富，就維繫幾個事業成功的人；你渴望獲得親情，身邊就要有一些非常有愛的人；你期待獲得喜悅，就要有幾個興趣相投的朋友。

遺憾的是，大多數人沒有認真對待選擇、做好戰略，而是糊里糊塗的下決策、過人生。他們可能會因為某次運氣好，獲得短期的成功，但從長遠來看，只有做好自己的人生戰略規畫，才能提升成功的機率，創造出更多的可能性。

■ 制定一個對自己人生發展長期有用的規畫

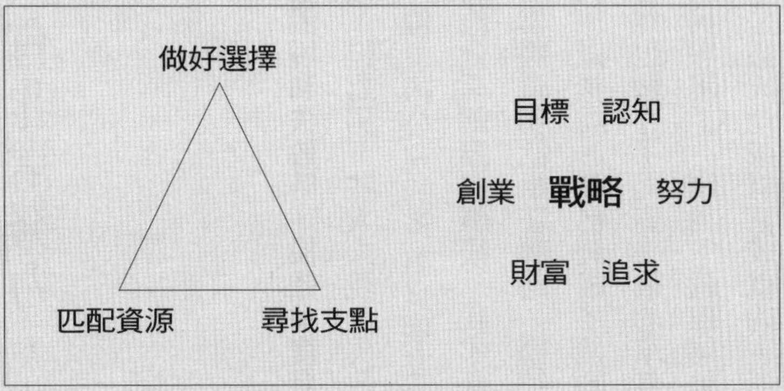

選擇 → 深耕 → 優勢 → 差異化

做好選擇　尋找和選擇自己與別人的不同點並深耕，將這個特點放大使其成為自己最大的優勢。

尋找支點　需要找到與戰略實現相匹配的資源，讓這些資源可以在支點之上支撐起自己的戰略。

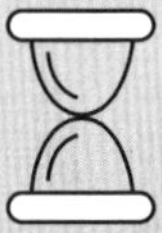

匹配資源　好好利用身邊的資源，培養 12 個愛你的人，他們比 1,200 萬個喜歡你的人更有價值。

真正的戰略是單選題，懂得取捨最重要。戰略就是對自己身邊的人進行有效布局。

2 只有非常努力，才能看起來毫不費力

遭遇困境和失敗時，換個角度看，你或許是人生贏家。對有些人來說，失敗意味著結束，但對另一些人來說，失敗可能恰恰代表開始。

有一位上市公司的董事長朋友曾跟我說：「人生必有一敗。」我一開始不理解，直到他分享創業故事後，我才真正領會這句話的深意。

他經常將這句話掛在嘴邊，哪怕是公司上市、股票飛漲，大家開慶功宴時，他也會跟員工這樣說。這已經成了他的一種態度，他隨時抱著等待失敗、迎接失敗的心態，當然也做好了面對失敗的準備。

這讓我想起了一個詞：越挫越勇。我們身邊有很多這樣的人，他們在自己的事業中，不是被成功或財富成就的，而是被失敗成就的。在遭遇各種失敗中，他們獲

得寶貴的經驗，練就良好的心態。

有人說成功的起點，是透過財富積累而來。不過我不這麼想，而是**認為成功的起點是累積失敗**。

遭遇的失敗越多，獲得的經驗越多，解決問題的能力越強，離成功也就越近。如果你仔細留意，會發現身邊有這樣一些人，他們處理任何事情都能找到最好的條件、最佳的路徑和最優的方法，原因在於他們經歷的失敗夠多，心態練得夠好，解決問題的方法和經驗也十分豐富，所以處理問題時遊刃有餘。就像那句老話，「**只有非常努力，才能看起來毫不費力**」。

我有一位好朋友，他在創業過程中非常艱難。有一段時間，他公司的帳上沒錢了，不但發不出工資給員工，沒錢付貨款給供應商。你知道他怎麼處理嗎？

他晚上很開心的約我們幾個朋友一起吃飯，跟大家聊聊第二天如何面對員工和供應商。後來他發現，當他站到問題之外思考問題，反而看得更透澈，這種心態就是：這只是一種經歷，並非失敗。只要調整心態，就能應對。

隔天，他調整好自身狀態，在員工面前做了一次激情四射的演講，其主題叫

「一起過關」。演講結束後，員工紛紛表示自己支持老闆的任何決定，願意跟他一起度過難關。

這件事表明，當一個人轉變心態後，即使面對困境和失敗，也不會被打敗。

關於失敗，維特·倪德厚夫（Victor Niederhoffer）的故事對我影響頗深。他曾是全球頭號避險基金經理、華爾街傳奇操盤手，連美國金融巨頭喬治·索羅斯（George Soros）都極為看重他。但吸引我更深入了解他的原因，卻是他的失敗。

從學生時代起，倪德厚夫就是一位高智商天才、經濟學學霸。後來他下海經商，開了一家投資公司，做避險基金。

這時，倪德厚夫終於發現了自己的特長。從一九八〇年到一九九六年，他管理的基金年均複合成長率高達三五％，這個成長率的意思差不多就是兩年翻一倍，在他管理的十六年裡就翻了八倍。因此，在一九九六年，他被評為全球頭號避險基金經理，亮麗的業績引起索羅斯的注意。索羅斯極為推崇倪德厚夫的交易方法，還把兒子送到倪德厚夫身邊學習。

但倪德厚夫不滿足於自己的成就。一九九七年，事業蒸蒸日上之際，倪德厚夫返還自己管理的客戶資產，投身於自己不熟悉的海外股市。很不幸，這次他損失五千萬美元（按：以臺灣銀行二〇二五年一月之匯率，約新臺幣十六億四百萬元）。

倪德厚夫不願接受失敗，隨後變本加厲的嘗試高風險、高收益的操作，雖然過程中收回一些本金，但全年的整體收益還是下跌不少。之後，在極度想快速提高收益的心態下，倪德厚夫又在東南亞做了一筆投資，沒想到遭遇東南亞金融危機，倪德厚夫的投資血本無歸，從此他也沒能東山再起。

倪德厚夫的故事讓我們看到，不論多麼成功、多麼富有的人，一生中都免不了經歷幾次失敗，甚至最後一敗塗地。連這樣的人都不能免於失敗，還有誰能一生不言敗？

所以，我們要學會接受自己人生中的失敗，別認為失敗永遠不會降臨到自己身上。在這裡，我有幾點啟發跟大家分享：

1. 對市場要有更多的敬畏之心

傳奇投資人查理・蒙格（Charles Munger）曾說：「我如果知道自己未來會死

在哪裡，我一定不會去那裡。」

意思是，我們應先弄清不能做什麼事，再考慮接下來要怎麼行動。倪德厚夫是一個天才失敗者，他什麼都懂，也清楚知道做哪些事情可能會失敗，可是他仍去冒險，最終沒能躲開失敗的命運。這就是缺乏敬畏之心的結果。

2. 人必然會經歷失敗，因抱負總是跑在能力之前

管理心理學中有一個效應叫「彼得原理」（Peter Principle），指在一個等級制度中，每個員工趨向於上升到他所不能勝任的地位。在各種組織中，有能力的員工往往會因充分勝任現在的職位，而被拔擢出任新職位；之後，又因為勝任新職，再次獲得晉升……因此，每個人最終將由可勝任的職位，晉升到無法勝任的職位上。所以，彼得原理也稱為向上爬原理。

這種現象在現實中無處不在，很多人因此遭遇失敗，甚至失去生命。人生的通道總是把自己推倒，拉到力所不能及之處，如果能冷靜下來，降低自己的抱負，與實力看齊，也許就不會遭遇太多失敗。

但人總想進步、嘗試，也想做「第一個吃螃蟹的人」（按：指有勇氣和膽量），在這些認知的影響下，失敗也幾乎無可避免。

3. 學會與失敗和解

倪德厚夫的失敗是因為他一生都在做投機生意，但實際上，我們每個人要做生意企業，想要成功和逆襲，何嘗不是一種投機？既然是投機，就必然會有一敗。如果我們研究那些優秀，甚至頂尖的世界級企業家，能發現們成功的路上遍布失敗的痕跡。但是，**這些失敗湊在一起，反而成就了**他們的**成功**。

每個人都應做好迎接失敗的心理準備，同時要相信自己有成功的可能性。在這個世界上，除了死亡，一切都是擦傷。只要生命還在，即使遭遇多次失敗，也一樣能東山再起。

■ 成功的起點是累積失敗

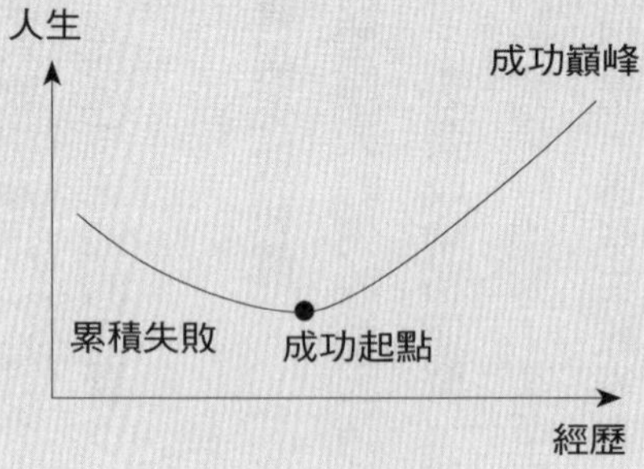

只有非常努力，才能看起來毫不費力。
遭遇的失敗越多，獲得的經驗越多，解決問題的能力越強，離成功也就越近。

啟發

心態轉變　面對困境　面對失敗　成功之路

1 對市場要有更多的敬畏之心：
查理・蒙格曾說：「我如果知道自己未來會死在哪裡，我一定不會去那裡。」意思是說，我們應該先弄清不能做什麼事情，再考慮接下來要怎麼行動。

2 人必然會經歷失敗，因抱負總是跑在能力之前：
在各種組織中，有能力的員工往往會因充分勝任現在的職位，而被拔擢出任新職位；之後，又因為勝任新職，再次獲得晉升……每個人最終都將由可勝任的職位晉升到無法勝任的職位上。

3 如果遭遇失敗，那就學會與自己的失敗和解：
人都應該做好迎接失敗的心理準備，同時相信自己有成功的可能性。在這個世界上，除了死亡，一切都是擦傷。只要生命還在，即使遭遇多次失敗，一樣能東山再起。

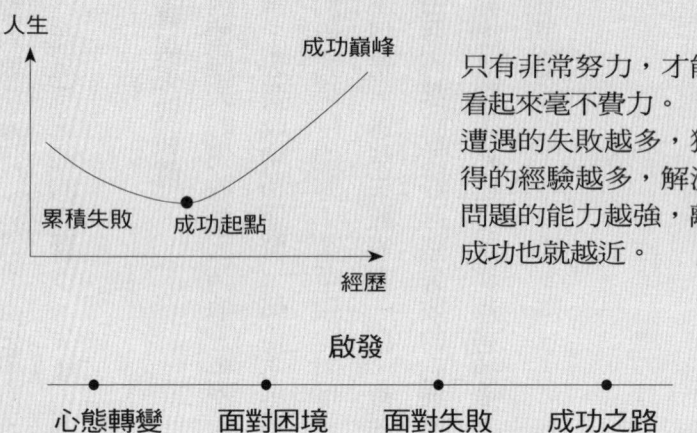

3 挫折，從來不會只有負面效應

有些人明明很有才華、能力，卻混得不好，有些人能力平凡，卻可以在自己的領域裡混得風生水起，這些現象說明，決定一個人成功的，不僅是能力、智力。人能否成就一番事業，其決定性因素是逆商（按：adversity quotient，簡稱AQ，指處理壓力或是挫折的能力）。看一個人未來能不能成就一番事業，不是看他多聰明、機靈，甚至不看他多專業，而是看他的逆商是否夠強，足夠抗壓。

蘋果公司聯合創始人史蒂夫．賈伯斯（Steve Jobs）最傷心的往事之一，莫過於被自己親手創立的企業掃地出門，那段時間稱得上是他人生的黑暗時刻。但他沒有因此氣餒，而是很快振作起來，重新開始，創立軟體公司NeXT，並再次獲得成功。後來經過一系列操作，蘋果公司收購了NeXT，賈伯斯回到蘋果公司掌舵。

賈伯斯的逆商十分強大，失敗對他來說只是一種人生經歷，甚至是一次學習的機會，失敗之後可以再次崛起。這樣的人肯定會成功。

逆商對於一個人的成事、成功來說，都是不可替代的。提高逆商，我們才能更好的應對生活中的挑戰與壓力，更順利的解決問題和處理各種人際關係。

提高逆商的方法有很多，我在這裡總結幾個：

1. 積極增強自我意識，了解自己的情緒和情感反應

我問大家一個問題：當別人對你有看法（甚至是負面的），你認為這種看法是別人給你的，還是自己給自己的？

很多人認為，別人對自己有看法，肯定是對方給的。但我要告訴你，別人的看法只不過是一種思想投射。因為這個世界上大部分人跟你沒有關係，對你也不會有什麼看法。就像很多明星，即使很有名氣、有眾多粉絲，一旦出了不好的事，對大部分人來說其實無所謂，因為明星跟自己沒什麼直接關係。

這就提醒我們，不要過分在意別人的看法，而要提高自我意識和自我認知，清

楚知道自己是怎樣的人、會做什麼樣的事。至於別人的評說，隨他去就好了。

2. 面對挫折時，嘗試保持積極樂觀，把問題視為挑戰和成長的機會

大家都知道電影《哈利波特》（*Harry Potter*）或看過這部小說，但了解作者J.K. 羅琳（J.K. Rowling）的經歷的人並不多。她在創作《哈利波特》之前，遭遇離婚、失業、負債、獨自撫養孩子等打擊，甚至一度靠政府補助維持生活。但她並沒有屈服於這些困難，而是保持積極，把這些困境當成自己扭轉命運的機會，最終完成了《哈利波特》，創造了巨大的成就，更獲得了不菲的報酬。

與J.K. 羅琳同樣值得我們學習的，還有美國脫口秀主持人歐普拉．溫弗蕾（Oprah Winfrey）。在成名之前，她的經濟狀況一度非常困難，還遭受嚴重的種族歧視，但她同樣藉由逆商，在事業上取得巨大成功。歐普拉說：「一定要相信，你的生活是自己創造的。」我希望大家能記住這句話。

困難和挫折從來不只有負面效應，對於逆商強的人來說，這恰恰是他們扭轉命運的機會。他們善於用積極心態面對困境和挫折，並將其變成動力，甚至變成絕處

逢生的契機、變成人生新的起點。

3. 站在他人角度思考問題，用同理心應對他人的情緒

美國心理學家丹尼爾．高曼（Daniel Goleman）提出，同理心是支撐逆商的非常重要的原點。

因為擁有同理心，你就多了一個自我意識的出發點，能理解其他人的需求和情感，進而更深層次的思考。當你能深入思考問題時，你的格局自然會變大。格局小的人只能看到眼前的一點利益；格局大的人，則可看到更遠、更廣的前景。

如今已不是僅拚智商和情商的時代了，更多時候大家都在拚逆商。失敗了，就總結經驗和教訓。我想起了伊隆．馬斯克（Elon Musk）說的一句話：「所謂創業，就是一邊咀嚼玻璃，一邊凝視深淵。」雖然不是每個人都走創業這條路，但走好人生之路，同樣需要高逆商，幫助自己走過一道道低谷。當困難和挫折來臨時，逃避沒用，要勇敢面對，被打趴也沒關係。只要有一口氣，一切就有轉機，關鍵在於你能否抓住機會，採用有效的方法應對。只有這樣，才能找到生命的轉機。

■逆商，成功的決定性因素

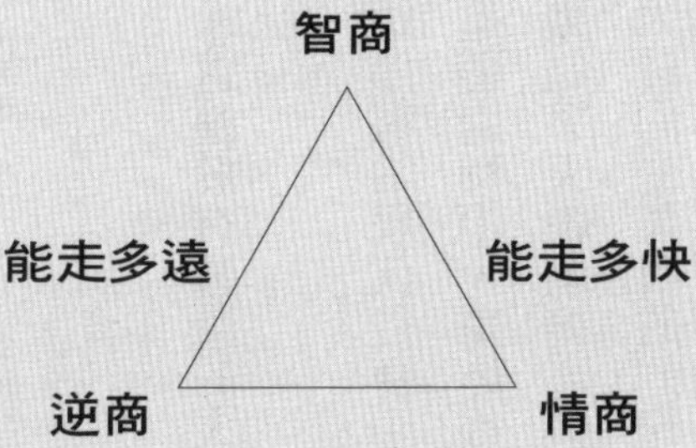

三步提升逆商：

1 積極增強自我意識，了解自身情緒和情感反應：
不要過分在意別人的看法，而要提高自我意識和自我認知，清楚知道自己是什麼樣的人、會做什麼事。

2 保持積極樂觀，把問題視為挑戰和成長的機會：
困難和挫折從來不只有負面效應，對於逆商強大的人來說，這恰恰是他們扭轉命運的機會。

3 站在他人角度思考問題，用同理心應對他人的情緒：
當一個人能深入思考問題時，他的格局會自然的變大。格局小的人只能看到眼前的一點利益；而格局大的人，卻可以看到更遠、更廣的前景。

一定要相信，你的生活是你自己創造的。
所謂創業，就是一邊咀嚼玻璃，一邊凝視深淵。

4 機會屬於膽大、但非魯莽的人

機會永遠屬於有膽量的人，「敢」往往比「會」更重要。不要管自己會不會，先幹了再說。

在高速運轉的現代社會中，你一旦適應社會發展的速度，便進入爆炸式發展的進程。在這個過程中，可能很多人會勸你多學習、涉獵。人都是有新鮮感的，想學習新鮮知識似乎天經地義。但你有沒有認真想過，這樣的學習到底有沒有用？

我不太贊同毫無目的的學習。學習當然沒錯，但正確的且**真正能收穫結果的方式，應是三步驟：學習、行動、堅持**。為什麼有人只能做幾萬元的生意，而有人卻能做百萬元、千萬元甚至上億元的生意？一個重要的原因就在於，有人不論再怎麼學習，再怎麼努力，也無法跨越幾萬元的臺階。即使你想要跨越這個臺階，也不是透過學習就可以達到目的。

你要明白，**人生的成長和發展並不依賴學習，也不依賴於每天所接受的知識、觀點**、**思想**等。人的大腦是一個儲存器，總會間斷的向裡面存入各種東西，但能真正幫助你獲得成長和財富的卻是另一樣東西：膽量。

為什麼膽量會有這麼大的作用？最簡單的原因就在於，你的**膽量變大，格局就變大**了。過去你的膽量小，什麼都不敢嘗試、不敢行動，也不敢想自己能幹什麼大事；膽量變大後，其能力、人脈、知識等不一定比以前進步，但你面對的人和事物卻發生了改變。在這種情況下，你更容易做出超越以前想像的事情。這也說明你原本是有能力做大事，現在做成也不是潛能的體現，而是本能的體現。這種本能就是你的能力，只是過去你的膽子小，所以無法發揮這種本能。

所以，我們不應給自己設置太多的條條框框，也不要動不動就說「我不行、我不會、我做不到、我搞不定」。如果一個人學富五車、滿腹經綸，但就是膽小，不敢行動，幹什麼都畏首畏尾，自然做不成任何大事的。機會永遠屬於膽大的人，敢比會更重要。有膽量行動，潛能才會被激發出來。

當然，膽量大是做大事的前提，你還要有具體的行動。

首先，多創造機會，接觸有膽量的人。讓膽量變大，是突破舒適圈、實現躍遷（按：指提升到不同層級）最有效的途徑之一。有膽量的人通常敢定大目標、承擔大責任、結交大人物、幹大事情，且做事有目標，行動力超強，情緒夠穩定，有實操精神和抗打擊能力。跟著這樣的人一起做事，有什麼事做不了？

大部分人在追求自我加持、自我成長，我認為這沒什麼用。想要做大事，獲取財富，不要試圖透過學習來實現，也不要一味的學習，追求所謂的乾貨（按：指方法、經驗實用，沒有吹噓成分，他人聽了之後可以馬上操作且有成效）、模型（按：企業實現盈利和增長的戰略框架，描述如何創造、提供和獲取價值）、方法等，這些反而可能把你變弱，因為它們會阻止你開發膽量。有這個精力，不如多創造機會，結識有膽量的人。

在做事的過程中，真正決定成敗的往往是你如何找到能帶來幫助、讓自己少走彎路的貴人。簡而言之，要做大事，我們要先解決人的問題，而不是事的問題。我希望你能明白，**學習應是你最後努力的選擇，你的第一努力選擇應該是人際**。尤其當你學了很多東西仍感覺毫無用處時，更該努力去尋找有膽量、能幫助自己的人。

膽小的人跟膽小的人或沒膽量的人跟沒膽量的人一起行動，很容易陷入閉環；相反，膽大的人跟膽大的人共事，就可以無限重復活迴圈，因為他們可以有更大的格局和發揮空間，所以容易獲得許多機會。若你比較膽小，找有膽量的人帶你，那麼你的膽量能得到鍛鍊和提升。你們一起做事，使事情朝著更好的方向發展。

會做事的人，成功是暫時的；會做人的人，成功才是長期的。會做事的人，走的是一條艱難的路；會做人的人，走的是一條越來越簡單、越來越順暢的路，因為幫你的人會越來越多。

其次，**膽量不是魯莽**，要區開兩者。

有人可能會提出異議：「做事時膽量太大，是不是就變成了魯莽？」

我要告訴你的是，魯莽是衝動、無知、缺少智慧，不考慮後果；而膽量是建立在有智慧的基礎之上的。曾國藩有句話說得特別好：「欲成大事，『明強』為本。」明是智慧，強是勇氣。要成大事，既要有智慧，還要有勇氣。而且強一定要在明的後面，才能成事。

簡而言之，魯莽是基於無知做事，膽大則是基於有知做事。這是兩者的本質區別。認識到這一點，你在做事時才能真正做到有勇有謀，不會魯莽行事。

最後，要堅持行動，**相信重複的力量**。

在這個世界上，很多道理都特別簡單，很多機會也特別明顯，但很多人卻抓不住，總認為要把事情做大，必須先學到有用的知識。

其實不然。學再多理論知識，擁有超高智慧，如果不敢行動和實踐，那麼一切都是白搭。所以，就算你要學習，也一定要以實際行動為目的，並且堅持行動，相信重複的力量。重複是這個世界上真正有用的東西，重複的行為也特別有意義。學習只會增加你的知識量，**堅持行動，才能所學變成事業、變成財富**。

在很多時候，你認為對的東西，反而是阻礙你的東西。如果你現在的結果有問題，或者你現在過的不是自己想要的生活，很可能是因為你認為正確的東西恰恰是錯的；認為有價值的東西，恰恰沒價值；認為能幫助自己的，恰好沒有幫助。

機會永遠是留給有膽量的人的，你有膽量，每天都可以抓住機會，每天都走在成事的路上。

■ 機會屬於有膽量的人

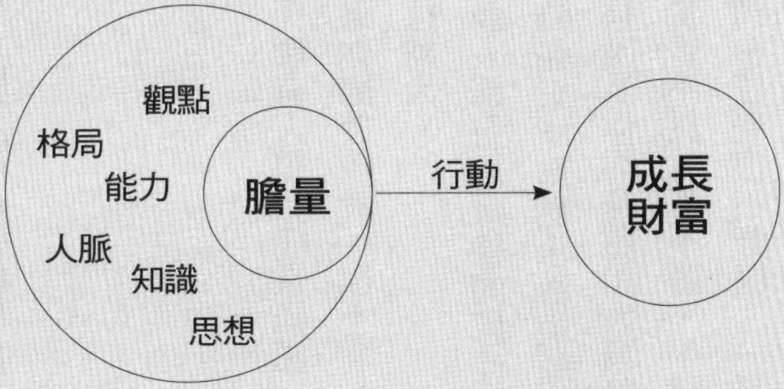

膽量大是做大事的前提，還要有具體的行動才行。

---

1 多創造機會，接觸有膽量的人：
讓膽量變大，是突破舒適圈、實現躍遷最有效的途徑之一。我們首先要解決人的問題，而不是事的問題。會做事的人，成功是暫時的；會做人的人，成功才是長期的。

2 膽量不是魯莽：
要成大事，既要有智慧，還要有勇氣。而「強」一定要在「明」的後面，才能成事。簡而言之，魯莽是基於無知去做事，膽大則是基於有知去做事。

3 要堅持行動，相信重複的力量：
學習只會增加你的知識量，堅持行動，才能讓你把學到的知識變成事業、變成財富。

5 生動的想像自己是成功者

為什麼有人整天能量滿滿、活力四射，而有人卻總是無精打采、委靡不振？如果你屬於後者，很不幸，這可能會導致你雖然和其他人一樣過日子，但其差距卻越拉越大。

很多人都有過這樣的感受：做完一件較困難的事，身體和大腦都很無力、疲倦。這時如果能泡熱水澡或睡一會兒，便渾身舒坦，有了力氣，精神也比之前好了。這是因為你的身體和大腦又有了能量。

能量看不見、摸不著，平時或許感受不到它的存在，但當身體和大腦缺乏能量時，我們會感覺很不舒服；一旦恢復或提升能量，便滿血復活。這時，再做事也會充滿活力，不知疲倦，越做越有勁。

能量對人的影響是持久而深厚的，它包含你的熱愛、夢想、價值觀、人生使命等，是人的基礎能量。很多時候，如果你身體的能量不夠，本來能做到八分的事情，你可能只做到四、五分，如果經常處於這種狀態，以後不管你做什麼，別人都不願意跟你合作。

我以前很高冷，有時朋友邀請我參加聚會、婚禮或者生日宴會等，我都帶著冰冷的面孔，甚至覺得其他人表現得很假，所以很不屑他們的行為。後來我發現，大家有什麼活動都不願意再找我了，這時我才意識到，很可能是我的狀態和看起來比較負面的能量影響大家。

從那以後，我開始改變，每次參加聚會時，我不但會發自內心的祝福對方，還陪著對方一起開心，表現出自己內心的能量。即使心中有其他不愉快的事，身體只剩三分能量，我仍盡量表現出五分。我漸漸發現，當我表現出好的狀態時，身體反而感覺更有能量了。

這也讓我意識到，想要獲得能量，讓自己恢復狀態，就要學會使用自己的身體。身體獲得活力後，大腦才會強大。但很多人經常搞反這個邏輯，每天逼大腦飛速運轉、飛速成長，卻沒有好好考量該如何使用身體。

明白了這個道理，當我們面對一些事情，或者感覺自己不開心、能量不足時，就可以調整身體狀態，調動自身能量。只要提升了身體的能量，大腦、情緒也會跟著變得越來越好。

有些人可能覺得自己很含蓄、羞澀，不願意把情緒表現得那麼明顯。或者覺得應該靠氣質和內涵吸引別人，於是**讀很多書、學習大量知識**。

我要告訴你，其實這麼做真的**很難吸引別人的關注，還可能導致嚴重的內耗**。因為你希望別人了解你、懂你、在乎你、考慮你的感受，而事實上，你的這些內心戲別人根本感受不到，別人也無意花時間深入了解你的學識，感受你的情緒變化。

你表現出好的能量，才能吸引更多有能量的人，即使是假裝的，也要表現出來。美國思想家愛默生（Ralph Waldo Emerson）曾說：「生動的想像自己是失敗者，使你不能取勝；**生動的想像自己是成功者，將帶來無法估量的成功**。」同理，想像自己很有能量、狀態很好，也會調動我們體內全部的潛力，「讓理想照進現實」。如此一來，厲害的人、有能量的人才會被你吸引，與你建立關係，甚至成為合作夥伴。

這一點不難理解，換位思考一下，你喜歡對任何事都表現得很冷漠的人嗎？你願意跟看起來很弱、缺乏能量的人合作嗎？每個人都有慕強心理（按：指藉由與強者為伍或尋求優秀的伴侶，來提升自身的社會地位和自我效能感），這是人的本性。**有能量、有氣場的人，才會吸引同樣類型的人，為自己帶來更多好機會。**

既然能量這麼重要，我們要怎樣才能獲得能量？

有人認為，能量應該來自儲備的知識；有人認為，能量是來自舒適的生活。事實上，這些都屬於外在的東西，真正能提高能量的應是自身精神狀態。如果你過去只追求知識系統的增長、生活的安逸，卻從未增長和升級自己的精神，那麼你的能量很難一直處於飽滿狀態。

我以前做貿易，經常接觸客戶，每次只要我收回貨款，口袋裡有錢時，我特別有自信、腰板就會挺得特別直。在這種狀態下，我談生意都會非常順利。發現這點後，只要是比較重要的生意，我都會在包裡放一些現金，藉此提升能量，讓自己能以自信、飽滿的狀態跟客戶溝通。

心理學上有個吸引力法則，意思是說，只要我們的思想集中在某領域時，跟該領域相關的人、事、物就會被它吸引而來。同樣，當我們從內心深處相信自己有能量、可以吸引優秀的人、能成功，那麼我們就真的可以實現這些目標。

我母親經常說：「人的精力有限。」我原本不信，為了要向母親證明我有無限精力，所以經常同時做好幾件事，甚至試圖訓練自己擁有這種能力。但最後我發現是我錯了，這樣做只會不斷消耗精力，絲毫沒提高做事效率。這也讓我明白，人在做事時必須專注。只有專注，才能讓自己的能量集中在重要的事情上，讓自己處於巔峰狀態，遊刃有餘的完成面對的事。

股神巴菲特（Warren Buffett）說過：「我每天都是跳著踢踏舞去上班，因為我太熱愛我的工作了。」我覺得這句話很有趣，也特別鼓舞我，因為這就是一種能量和狀態的表現。他說這句話時已八十多歲了，卻依然每天保持充沛的精力和能量，並對自己要做的事情樂此不疲。如果我們每天可以能量滿滿的面對周圍的人事物，相信我們也能吸引到更多、更好的人事物來到身邊。

■ 生動想像自己是成功者

就像假裝，也要表現出很有能量的樣子。

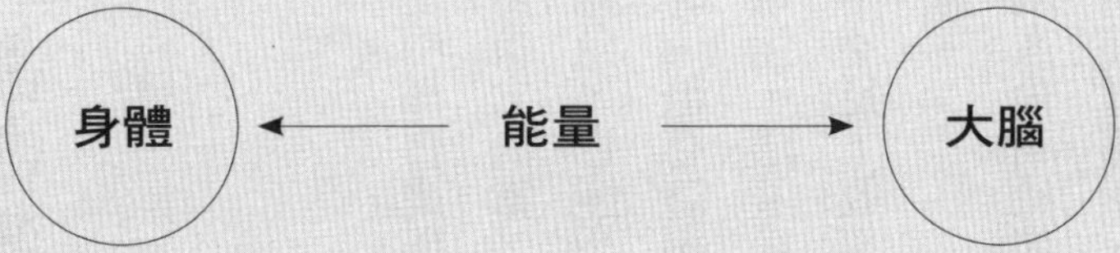

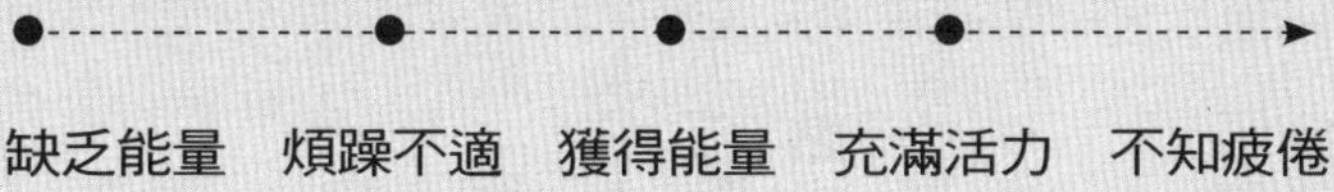

吸引力法則

如果我們每天可以充滿能量的面對周圍的人事物，相信我們一定能吸引更多、更好的人事物。

- 能量對人的影響是持久而深厚的，它包含你的熱愛、夢想、價值觀、人生使命等，是人的基礎能量。
- 想要獲得能量，讓自己恢復到好的狀態，就要學會使用自己的身體。身體獲得能量後，大腦才會強大。
- 只有專注，才能讓自己的能量集中在重要的事情上，讓自己處於巔峰狀態，遊刃有餘的完成事情。

6 每個人都會遭遇三大坑

每個人的人生中都會遭遇三個大坑：天坑、地坑和人坑。天坑屬於不可抗力因素，是我們無法預測也無法避免的。地坑則是可避免，也能預防，它大部分來自我們的選擇，比如自身的世界觀、人生觀、價值觀等。但有時經別人的指點，我們就能釋懷。換句話說，地坑屬於我們自設的障礙和煩惱，隨著後天認知和格局提升，這些障礙和煩惱往往都能化解。身邊那些成事不足，敗事有餘的人，就是我們遇到的人坑，他們會給我們帶來很多煩惱和無力感。

有一次，我跟客戶商量如何規畫一個巨大場地的用途，這個場地未來怎麼用、如何營造……在溝通過程中，我一直在給對方提供參考價值，讓對方看到他們使用這塊場地所獲得的好處，對方也很認同。就在我們馬上結束談判，準備離開時，我身邊的一個夥伴忽然說：「這個場地我們以後上課也可以用。」這句話一下子就讓我陷入尷尬境地，讓對方誤以為是我圖謀不軌，在唬弄他。

這個夥伴就是挖了一個坑給我，雖然他是無意的，但確實讓我在這件事上表現得不那麼完美了。

人坑有時給我們帶來的影響非常大，而且不容易處理。有人可能會說：「既然如此，為什麼還留這種人在身邊？」

其實，很多心智未成熟的「廢齡人」（按：指一個人的做事風格完全不符合其年齡，詳細說明見第三章的「超齡、在齡與廢齡，你屬於哪種？」）做一些事情時，並不是惡意的，只是他們的認知不夠，或是想法不夠清晰，導致其思維邏輯可能是錯的。以前我遇到這類人會很生氣，但現在遇到這種情況我不會發脾氣，有時還有點開心。

因為我知道，他們的言行正幫我一點一點的建立更加複雜的思維系統。不論我如何提高個人認知、思維，都不可能永遠不跟這類人打交道，而且這些廢齡人的未來也有可能變好。我就是這樣過來的，我曾是人坑，只是現在慢慢成長起來。

所以，如果你認為某人只是好心辦了壞事，表示他可以被接受和被原諒。他們可能只是因為單純或無知，但不能否定的是，他們有一顆善良的心，會站在你的角度思考。在這種情況下，他們不會對你產生太壞的影響。而且未來他們醒悟之後，迸發出來的動力可能非常強大。

相反，如果一個人是壞心辦好事，那一定是來害你的，你要盡快遠離這種人。騙子在沒騙到你的錢之前做的都是好事，但我們不能因為看到他做了好事，就完全相信、接受他。

我們該怎麼判斷對方是好人辦壞事，還是壞人辦好事？

嚴格來說，這點不容易判斷，但我還是可以提供三種判斷標準：

1. 看他做事是否為了自己，也就是他做了這件事，能從中得到什麼好處。
2. 對他來說，做這件事是否費力不討好。
3. 他做這件事的出發點是什麼，是對你、對公，還是對哪一方。

如果你發現一個人做了某事，可以從中得到一定的好處；從表面上看，他做這件事費力不討好；他做的這件事明顯對別人更有利，你就要認真分析，對方很可能在挖坑給你跳。

反之，若你發現他做了這件事後並不能得到什麼好處，反而是想為你或為公司好，那麼他可能只是不小心辦壞一件事而已。

即使要面對各種人坑，我們得有意識的結識更多人，以積累人脈，為自己的人際關係布局。這個過程會不可避免的觸及我們的賺錢和用錢方式。

賺錢的方式有很多，我總結一下，主要有六個步驟。

第一步，靠體力。很多人都經歷過該階段，感受體力勞動、積攢腦力的過程。

第二步，靠腦力。雖然你的身體可能沒那麼勞累，但大腦仍然很累。

第三步，積累錢，也是積累人脈。在這一步，你要隨時意識，是在你創業、需要幫助時，你身邊的朋友能否提供支援。所以，這一步你積累的其實是可以調動用來維護資源的錢，而不是讓自己隨便花的錢。

做到以上三步後，接下來要進入第二個階段。我經常把第二個階段稱為「給別人夾菜，同時是別人夾菜給你」。

說白了，就是你開始從前三步的自助階段進入與別人形成互助的階段，你也開始構建和擁有自己的人脈關係。

可惜很多人不明白這個道理，當有人給他「夾菜」時，他還說：「別給我夾菜，我自己夾，自己想吃什麼就夾什麼。」這種人永遠不會意識到互助的重要性，也不知道該怎樣積累自己的人脈。

從八個人一起吃飯，到十五個人、接著五十個人，一百個人……你的飯桌不斷變大、變多，你建立的互助系統和人脈關係也會逐漸增加，你賺取財富的途徑也就越豐富。

第四步，用錢聚集人脈。如果你覺得自己的人脈還不夠廣，就集中精力建立人脈，將人脈聚集在自己周圍。此時該送禮物的，就送禮物；該交往的，就積極往來，不要吝嗇。

第五步，把自己賺到的錢分出去。**真正能做大事的人，都是捨得分錢的人。只有捨得跟別人一起分享利益，才能獲得更多人的信任。**當然，有時你把錢分出去卻沒有迴響，這很正常，你只要堅持去做，就可以逐漸獲得廣闊的人際關係。

第六步，融合錢，找到人。也就是真正把人脈放在一起，把事情放在一起，把心放在一起，共同去做一些事業。有時候，當你找到一個真正能給你帶來人生改變的人，你可能覺得前面做的九九%的事都沒用，但你只有不斷積累，不斷讓人脈滾動，才有可能提高成功機率。

世界上的任何事情都有機率，如果你**沒有付出**，**沒有重複性的動作**，**便很難觸達成功機率**，也很難擺脫人坑。所以在整個過程中，你最好保持平常心，按部就班的做好以上每一步。

即使你現在接觸的，大都是心智未成熟的廢齡人或是心智和年齡處在同一個水準的在齡人，也可以透過他們，慢慢觸達到更多年齡能力的超齡人，提高自己的成功機率。

■面對人生中的三大坑

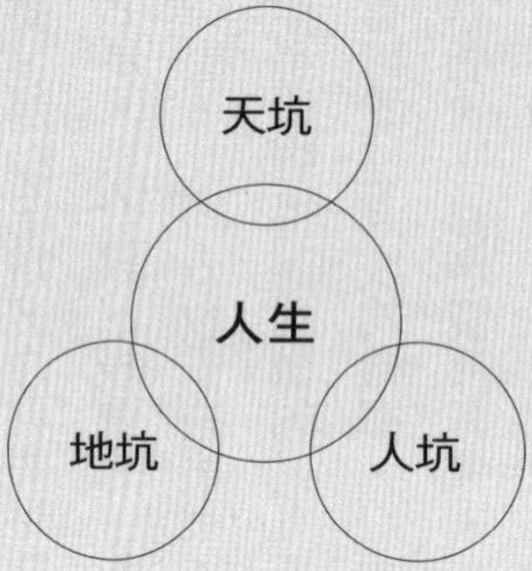

天坑：不可抗力，無法預測。
地坑：可以避免，自己選擇。
人坑：成事不足，敗事有餘的人。

人坑判定標準

1 看他做一件事是不是為了自己，做了這件事後，他能從中得到什麼好處。

2 對他來說，做的事是不是費力不討好。

3 出發點是什麼，是對你、對公，還是對哪一方。

六步賺錢方式

1 靠體力。

2 靠腦力。

3 積累錢，也是積累人脈。

4 用錢聚集人脈。

5 把自己賺到的錢分出去。真正能做大事的人，都捨得分錢。

6 融合錢，找到人。

當你找到一個真正能給你帶來人生改變的人，你可能覺得前面做的99%事都沒用，但你只有不斷積累，不斷讓人脈滾動，才有可能提高成功機率。

7 勇於推倒自己建立起來的牆

有些人活得很驕傲、自豪，自我感覺特別正確。但其實他們恰恰活在自我局限之中，接受不了新事物、新資訊和新奇的事情。這就是認知局限。

我們經常會看，兩個人因為對某個問題持有不同意見而爭論，一個正方，一個反方，表達都很有邏輯，但誰都說服不了對方，最後甚至爭吵起來。

為什麼會出現這種情況？

原因是他們都犯了一個致命錯誤：完全活在自己的世界裡，而非大千世界。說得更直白一點，兩個人本身都有認知局限，對問題的看法不夠全面，所以溝通時只會站在自己的角度，根據過去的經歷和經驗，判斷未來的新鮮事物，結果導致他們看待世界、問題的眼光特別狹窄。殊不知，一個問題從不同角度來看很可能都是正確的。就像一個瓶子擺在桌上，畫家、物理學家和收廢品的人看到這個瓶子後，會從不同方面進行解讀一樣，每個人都有道理。但如果你**只站在自己的角度解釋，就永遠看不到這個事物更新鮮的一面**。

認知局限會無形限制和影響我們接收資訊、判斷事實和決策，讓我們落入認知陷阱中而不自知，或者不知道如何抽身。

比如，在我的學員中有一位頗有名氣的企業家，是學設計出身，現在經營著一家有兩千多名員工的企業，但他自己更願意研究各種設計問題，比如設計廣告等。有時看到員工設計的廣告不好，他會非常生氣，想要自己處理。但這會占用他很多時間，導致他沒精力管理公司。他問我：「能不能幫我改掉這個臭毛病？」

這其實就掉入了認知陷阱——只從自己的角度看到解決問題的方法，卻忽略了其他人也能解決問題。

我說：「首先我要恭喜你意識到自己的認知問題了。然後我分享某個人的故事給你，相信你會覺得他比你更有設計天賦，這個人就是賈伯斯。賈伯斯很厲害，但蘋果公司的廣告是他設計，還是由專門的創意團隊來設計的？答案不言而喻。如果你覺得自己的設計天分不及賈伯斯，那就認真思考，自己是不是還要占用管理時間參與設計這件事。」

我講完後，他豁然開朗，後來很快從陷阱中爬出，把企業做得越來越好。

現在很多企業都會外聘諮詢顧問，甚至是在行業裡做了幾十年的企業家，都可能會花大筆費用尋找顧問團隊，幫助自己制定企業下一階段的戰略決策。究其原因，就是要尋找不同的思維，使企業站在更高、更全面的認知點上去發展，防止自己落入認知陷阱。

既然認知如此重要，我們該如何防止自己掉入認知陷阱，或是突破當下的認知局限呢？

我認為主要有三條路：讀萬卷書、行萬里路和高人指路。

讀萬卷書不難理解，就是廣泛閱讀，增加更多的人生智慧和體驗，透過分析和篩選，把各種資訊轉變為自己的知識，再結合人生經歷，賦予知識更多意義。不要用過去的經驗想當然的理解新鮮事物，而要保持開放的心態和客觀的判斷。

行萬里路同樣重要——持續經歷和實踐，透過各種方式體驗書中的情景，認識真實的世界，開闊見識，同時更好的認清自己在這個世界中的位置。

高人指路，是多結識、請教和拜訪各種高人、貴人，藉由他們的指點和幫助來突破自己的認知局限。每個人都有自己的認知問題和認知偏差，即使是那些原本具有較高層次認知的人，也可能被自身的認知限制。在這些時候，別人的一句話可能就會點醒你，讓你豁然開朗。

當然，提升認知不是一蹴而就的事，需要長期堅持。

首先，**你要敢於推倒已建立起來的「牆壁」——你用自己過去的經歷和經驗所搭建起來的認知**。

接觸新事物時，如果你感覺有些接受不了或不適應時，就表示你很可能陷入了認知陷阱。這時，你要勇敢的推倒周邊的牆。

在推倒時一般會有兩種方式：一種是徹底推倒，重建認知，這種方式很難；另一種是提升牆壁內的水準線，讓你的認知隨著拓展視野而大幅成長。

不知道大家有沒有發現，許多哲學家雖然生活在不同國家，擁有不同的生活、家庭和教育等背景，最終往往會殊途同歸，講著跨種族、跨語言、跨地區的相似甚至相同的道理。不管是西方的古希臘哲學家柏拉圖（Plato）、亞里斯多德（Aristotle），還是中國孔子、孟子，他們的很多觀點解讀出來都有著相似的含義。這說明，最有效的避免掉入認知陷阱的方法，就是把一件事做深、做透，讓自己盡可能的接近真理，這樣才能運用這個真理去判斷身邊的事物。

現在有個很時髦的詞叫「換跑道」，擺脫當前的行業或道路，重新尋找新的行業和發展道路。但我發現一種現象，有些人所謂的換跑道，並非真的是在當前的工作中無路可走，只是遇到一點困難，就想換跑道。我認為這不叫換跑道，而叫逃跑。因為不管人在哪裡都會遇到困難，若連簡單的問題都無法面對，又怎麼能洞悉世界的真相？

善於做好身邊的小事，敢於克服困難，你才有可能獲得深入大千世界的鑰匙。其次，你要對自己的認知進行布局。

認知的構建一定來自開放的心態，而開放的心態就來自對自己的認知布局。

我身邊有很多比我厲害的人，有的甚至比我厲害百倍、千倍，但也有很多不如我的人。當我遇到一件重大事情時，我除了會請教那些比我厲害很多的人，也會請教不如我的人，還會請教那些跟我能力差不多的人。因為我需要他們的認知偏差，來幫助我構建和補全屬於我的完整認知，如此一來，我便能看到一件事的多面性，可能多到我都不知道一件事竟有那麼多新鮮的解釋。只有這樣，我才能相對完整的解讀這件事，最終做出更加客觀的判斷。

不管在任何時候，只要你心裡經常出現「你是錯的，我是對的」，那你就是掉入認知陷阱；而當你經常想「你是對的，我可能也是對的，其他人可能更對」，那麼你就站在一定的認知高點上了。換句話說，**突破認知偏見和局限的方法，從來不是尋求正確，而是避免錯誤**；提升認知也不能完全靠自己，而是敢於質疑自己，傾聽別人。

在這個資訊越來越廉價的時代，想要突破自我，就要切記：並不是你關注什麼，就是什麼樣的人，而是你能把資訊處理到什麼程度，把問題理解到什麼程度，你才會成為什麼樣的人。

■認知受限，會無形限制我們接收、判斷事實

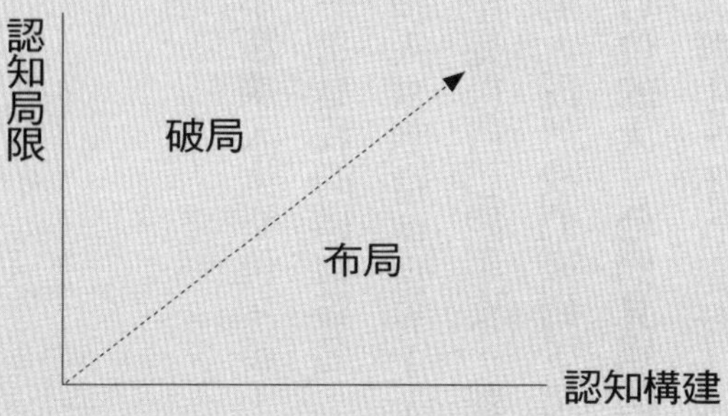

突破認知局限

讀萬卷書	行萬里路	高人指點

認知提升：

首先，你要敢於推倒已建立起來的認知牆壁。
一種是徹底推倒，重建認知，這種方式很難；另一種是提升牆壁內的水準線，讓你的認知隨著擴展視野而大幅成長。

其次，你要對自己的認知進行布局。
突破認知偏見和局限的方法從來不是尋求正確，而是避免錯誤；提升認知也不能完全靠自己，而是敢於質疑自己，傾聽別人。

8 活著就要上C位

「不斷讓人上C位（按：Center，意思是核心位置），讓更多人上C位，做到極致。」這是我的微信簽名，也是我內心所想。

很多人來到這個世界上，可能從來沒有上過C位，也沒有想過自己能成為主角，甚至覺得自己能平安、健康的活著就該謝天謝地了。

可是，既然我們來到了這個世界，為什麼不努力做主角？**一個想上C位和一個不想上C位的人，他們見過的人、經歷的事甚至是整個人生，完全不同。**

在人群中，不管是好人或壞人，只要有人評價你，就代表你曾是表達者。反之，**如果一群人都不知道該怎麼評價你，也無法得知你的好壞**，可以肯定的是，**你在他們之中沒有存在感**。因為你從來不主動展現自己，別人對你完全沒印象。長久下來，你可能連自己是什麼人都不清楚了，遇到好人，你可能就是好人；遇到壞人，你也可能變成壞人。

電視劇《覺醒年代》中，陳獨秀在當時那個事事講究傳統的年代，可說是「壞人」。尤其在進入北京大學後，他總是和學校裡的那些老學究（按：舊稱私塾中的教書先生）針鋒相對，惹得大家都不喜歡他。只有蔡元培經常勸他要學會包容，如此才能成為一個真正的思想家。

但換到今天，我們可能又會認為那些老學究是壞人、是封建文化的衛道之士（按：護衛某種宗教、學說、道統或傳統禮教之人），陳獨秀才是好人。

人的大腦中不能只有好和壞的概念，成年人也不能只用好壞來評價這個世界。有時候，**你認為的好人可能只是你喜歡的人，卻是別人討厭的人**；而你認為的壞人，可能也只是你討厭的人，卻是別人喜歡的人。只是不管你選擇做什麼樣的人，都一定要努力上C位，勇敢的表達、展示自己，而不是做個透明人。

有人說：「我也想上C位，可是我一開口就可能被人誤解。」但你難道要因為別人的誤解而永遠不說話嗎？顯然不能。當人們習慣用好和壞來評價一個人時，被誤解是肯定的，永遠不被誤解才不正常。

還有人說：「言多必失，還是保持低調，別那麼冒進（按：指輕率的開始，急燥的進行）吧！」

言多必失沒錯，但你仔細想想，你到底會失去什麼？所謂的言多必失，其實是指那些愛表達，且已透過表達得到了很多人支持的人。而且你只知道言多必失，卻不知道還有一句話叫「會哭的孩子有奶吃」，因為**主動爭取了才有可能獲得**。你不肯爭取，繼續當透明人，自然沒有獲得的機會。

我們在生活和工作中會發現有這樣一類人，他們在任何時候的表達都非常得體，可以在恰當的時機說出恰當的話，甚至他們的話能照顧到在場的每個人。不管是主管、同事或部屬，都對他們讚不絕口。這就是真正會表達的人。

同時這也提醒我們，想成為占據C位的表達者，就要記住：在準備說話前，你要照顧到誰，有誰聽你說話，怎麼說才到位，為什麼要這樣說；或想誇人時，想好如何誇，誇完後能不能讓對方舒服……如果你表達半天，卻完全沒達到目的，就表示你的表達是無效的。

想讓別人記住你，在遇到問題時要記住一點：**一定要把話說得軟軟的，把事做得硬硬的**。不能想說什麼就說什麼，說話既要有目的，還要有一定的情感支撐，懂得關心別人。關心別人就是在關注別人的內心，如果做不到這一點，你的表達就無法引起他人的關注。

任何一個優秀的表達者，都從不說話、沉默寡言，到愛說話且口無遮攔，最後變成會說話。沒人直接從不說話，瞬間變成善於對話；從沉默寡言到字字珠璣。

所以，別擔心言多必失，表達者才是參與者，才有可能站到C位，成為眾多人關注的焦點。反之，若你不表達，就沒辦法讓自己變得字字珠玉，更不可能站到C位上，成為對別人來說很重要的人。

敢表達才能做生命的參與者，沉默只能做旁觀者。

■ 只想當透明人，機會永遠輪不到你

參與者	**C 位**	旁觀者
好人	透明人	壞人

- 敢表達才能做生命的參與者，沉默只能做旁觀者。
- 透過做「壞人」，我可以把別人的注意力吸引到我身上，我要先成為 C 位。當所有人都關注我後，再讓他們對我刮目相看，因為我骨子裡是個好人。
- 不管你選擇做什麼樣的人，都一定要努力上 C 位，勇敢的表達、展示自己，而不是做透明人。
- 任何一個優秀的表達者，都會經歷過沉默寡言，愛說話且口無遮攔到會說話字字珠璣的過程。

重點整理

1. 清晰、深層的認知自己，比如清楚自身優缺點，知道身處哪個圈子，「我」身邊有哪些可利用的資源。
2. 真正的戰略是單選題，懂得取捨最重要。
3. 會做事的人，成功是暫時的；會做人的人，成功才是長期的。
4. 人生的成長和發展並不依賴學習，也不依賴於每天所接受的知識、觀點、思想，還需要膽量。
5. 學習只會增加你的知識量，堅持行動，才能讓你把學到的知識變成事業、變成財富。
6. 你要敢於推倒自己建立起來的「牆壁」——用自己過去的經歷和經驗所搭建起來的認知。
7. 突破認知偏見和局限的方法，從來不是尋求正確，而是避免錯誤。

第二章

普通人和厲害人的最大區別

1 有用的事，都靠沒用的事襯托

人生中的很多事情，表面看沒用，其實是大有用處的。

我曾跟一個製片人做過很多綜藝節目，他拍的電影也很成功。有一次聊天，他問：「你知道我們做電影、綜藝，每天從事這些高強度的工作，最重要的是什麼嗎？」我給了好幾種答案，比如技術、經驗、設備、場景、編劇、演員、嘉賓等，他都搖頭。最後他說：「最重要的是睡覺，會睡覺的人才能在這個行業吃得開。」

這個答案大大出乎我的意料。

他接著告訴我，因為在很多情況下，拍攝不是以人的意志轉移，還需要考慮天氣、光線、各種拍攝環境等。有時一個場景只允許你用兩、三個小時，或封一條馬路拍攝，時間非常短，資源非常有限。

在這種情況下，你必須保持清醒，抓緊時間完成拍攝，拍完一個場景馬上轉場，去下一個場景拍攝，這時人會非常疲憊。想在拍攝期間保持清醒，得有隨時閉上眼睛就能入睡的本領，讓大腦短暫休息。有時睡五分鐘、十分鐘，醒來後頭腦會異常清楚，人也會異常敏感。這對於藝術創作者而言，是非常重要的事。

以前我覺得，與工作相比，睡覺最不重要。我經常看到網路上有人分享，幾點到幾點是人體哪個部位在休息，我都不相信。後來我發現有科學研究稱，人在白天使用大腦，會存儲大量的垃圾資訊和垃圾能量，而睡覺就是排空垃圾的最有效途徑。任何一個精力充沛的人，並非每時每刻都精力充沛，只有經過休息，才能讓自己恢復體力和精力。

所以你會發現，人做有用的事情時，大都是在清醒時做的，但讓你保持清醒的，卻是睡覺這件（你以為）沒用的事。

世界上很多有用的事情，都是靠這些「沒用」的事情襯托出來的。

舉個例子，在看電影、電視劇時，我們經常感嘆其中的某些場景華麗、壯觀，甚至還會有一些火爆鏡頭。但人們很少注意到，在這些火爆鏡頭出現之前，往往會先有一、兩個異常安靜或緩慢的畫面，接著火爆鏡頭才會出現。這些或安靜或緩慢的橋段，就相當於「沒用」的鏡頭，它的目的是為後面劇情烘托氣氛。

這種形式是運用了文學創作中的起興手法，其作用就是用附屬場景襯托主要場景，用附屬物體去突顯主要物體。藉由「沒用」的畫面烘托後面「有用」的場景，兩者形成強烈反差，提升觀眾的觀感。

很多人與別人溝通時，經常都是只談事不談情。比如，一個公司的兩個基層業務人員，見面後直接接洽工作，基本不聊工作之外的事。但你可能不知道，他們的主管其實早已接觸過了。在這兩位基層員工商議業務時，主管可能正坐在隔壁房間喝茶、聊天。兩個基層員工的業務是否順利、成功，最終就取決於兩個主管之間的感情關係是不是足夠好。

我過去做專案經理時，跟一個客戶多次溝通業務，但總是不順利，不是對方覺得我方投入少，就是我方覺得對方出價低。後來我做到專案副總、專案總裁，甚至創業後，我才終於明白一件事：想要讓業務合作順利進行，就要先交朋友後辦事。

有人可能不理解：辦事才是目的，交朋友有什麼用？

的確，交朋友就是那件「沒用」的事，但恰恰是這件事，可以讓對方願意為你提供更多的資源；可以讓對方在遇到一些小難處時自行解決，不會總來麻煩你；可以讓對方站在你的角度，設身處地的考慮你的利益。

一個汽車發動機想快速運轉，得加入潤滑油。潤滑油並不能直接為汽車提供能量，但可以解決潤滑的問題，讓汽車跑得更快。加潤滑油看似是沒用的事，其實是在為有用的事打根基。有了這個根基，我們做的有用事才能開花結果。

我曾帶領團隊為美國跨國科技公司ＩＢＭ（International Business Machines Corporation）做銷售諮詢，在這期間，ＩＢＭ的銷售部門提出一個很有趣的要求，銷售培訓課程要分成正式溝通和非正式溝通兩種。我當時不理解，銷售培訓不就是給銷售人員培訓銷售技巧，讓銷售人員學會業務交流和業務溝通嗎？

後來我才明白，業務溝通的最終成果來自雙方是否在非正式場合交朋友，比如一起打球、吃飯、喝茶等。這些從表面看都是沒用的事，實際卻可以增進雙方的友誼，最終為達成有用的合作奠定基礎。

所以，**會做沒用的事的人，往往更容易把有用的事做好、做大**。而每次出手只想做有用的事，只想快點拿到結果的人，往往幹不成大事，因為他不知道人際關係的好壞決定了事情辦成的效率、速度及規模。

在這個世界上，不論做什麼，最終要達成的都是合作。**合作最重要的不是做事，而是做人**。

處理好人與人的關係，雙方培養出感情後，你不管做什麼事都會順利；反之，感情沒處好，再順利的事也會變得不順利。明白這個道理後，你就知道為什麼自己以前做事總是遇到障礙，原因就是你只想做「有用」的事，而忽略了「沒用」的事的價值。

■很多事情表面看起來沒用，其實大有用處

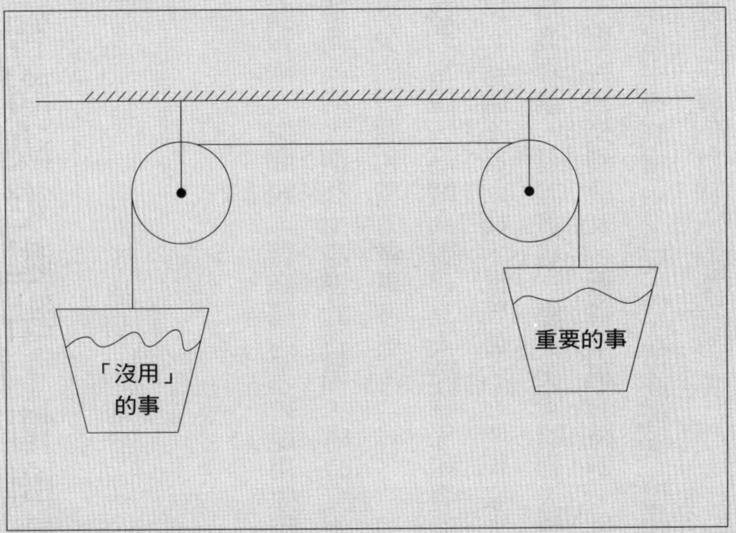

- 世界上很多有用的事，都是靠「沒用」的事情襯托。
- 想讓業務合作順利進行，要先交朋友後辦事。
- 會做沒用事的人，往往更容易把有用的事做好、做大。
- 合作最重要的不是做事，而是做人。

2 智商決定起點，情商決定高度

面對同一個問題，智商高的人會運用學到的知識，但這樣會耗費很多時間和精力；情商高的人則利用身邊的資源，省時又省力的解決問題。相比之下，情商高者能用更少的時間和精力做更多事。

我們常說，高情商對建立人際關係和發展事業具有重要作用。

這一結論不言而喻，世界著名心理學家大衛．伊格曼（David Eagleman）提出的「情商理論」就證實這一點。美國哈佛大學的一項研究也表明，高情商者比低情商的人更容易交到朋友、獲得幸福的婚姻，也更容易在複雜、不確定性或有緊迫感的工作當中得到優勢。反之，情商低者情緒往往容易失控，還容易沉迷於社交網路，無法很好的解決人際衝突等。

由此可見，提高情商對工作和生活至關重要。情商高的人，更容易自如應對人生困境、獲得別人的信任和喜愛、職業發展更加順利，進而實現自己的人生目標。

我們平時經常會遇到一些人，說話或表達自己的觀點前，往往先加個鋪陳，「我說話不好聽，你別往心裡去」，然後講自己想說的話。很多人認為這是高情商的表現，可是在我看來，這叫缺乏情商，因為他們傷害了別人還不想承認，讓對方不舒服還不計後果。

真正情商高者與人往來時，一定讓人感覺如沐春風、久處不厭。他們一開口總讓人感覺很舒服，批評恰到好處，表揚時準確到位，而且能很好的控制自己的情緒，每件事都做得很有分寸。

說到這兒，我想起一個故事。在唐代宗時期，吐蕃大舉進攻長安，代宗無能，倉促逃離長安，郭子儀臨危受命，率軍對抗吐蕃。就在即將取勝時，手下人忽然跑來告訴郭子儀，說郭家的祖墳被人刨了。

天下最惡毒的事，刨人祖墳絕對是可以排在前列的。郭子儀一聽氣壞了，趕緊追問有沒有抓到刨墳的人。手下人答沒抓到，報官後官府也沒查出什麼線索。

郭子儀雖然心中萬分悲憤，但他仍然以大局為重，繼續率兵作戰，最終將吐蕃軍趕出長安，又將代宗迎接回來。

唐代宗一見到郭子儀，忙拉住郭子儀的手，慚愧的說：「將軍為我大唐立下赫赫戰功，我卻有愧於你啊。你家的祖墳被賊人挖了，至今都找不出是誰幹的。」

郭子儀忍著內心的悲痛，義正詞嚴的說：「這事不怪皇上，都怪我自己。我多年行軍，不知踩踏了多少墳墓，如今是上天對我的懲罰！」

郭子儀真是這麼想的嗎？當然不是。他心裡很清楚，祖墳是被宦官魚朝恩挖的。可是皇帝不點頭，一個宦官怎麼敢幹這種事？而代宗這麼做，是因為郭子儀當時權勢和能力都太大，功高震主，代宗自然不放心。如果郭子儀趁機謀反，那麼代宗就有理由趁機除掉他。郭子儀在官場多年，怎麼能沒想到這點？

為了打消代宗的疑慮，郭子儀把過錯都攬到自己身上，讓代宗很滿意，這件事就這樣過去了。

可見，在面對衝突或爭議時，衝動發怒並非最好的解方，得避免自己情緒失控，還要學會看透事情的本質和其中的玄機，別輕信表象，以免受騙和傷害，因小失大。

透過郭子儀處理這件事的態度，可看出他的情商非常高。如果我們想要妥善的處理日常遇到的事情，就得不斷提升自己的情商。在人生旅途中，**智商決定一個人的起點，而情商決定一個人能走得多遠**。

既然情商如此重要，那麼我想問讀者，你認為自己情商高嗎？

我相信一定有人認為自己情商夠高，但我要說的是，如果你這麼想，反而說明你的情商還不夠高。提高情商需要經過學習和鍛煉，你現在認為自己的情商夠高，說明你認為自己已不需要再提升，這恰恰是短視的表現。

情商不僅是在你上升過程中需要學習的東西，哪怕是你已把事業做到天花板（按：網路用語，指程度非常高，幾乎無法超越），也需要不斷學習。簡而言之，提升情商是我們一輩子都要做的事情。

有人覺得自己的情商已經很高了，不知道還能怎麼提升。如果你這麼想，我有幾個建議。首先，要不斷的加強溝通和表達能力。

不管在生活還是工作，清晰表達自身想法和觀點很重要，但更重要的是，你要學會有效的溝通和表達。

有些人把溝通和表達能力理解為會說話，這是個誤區。舉個例子，如果你對朋友說了一件事，又不希望朋友把這件事告訴別人，大多數人的做法是直接表示：「你千萬別跟別人說！」但高情商者會這樣講：「這件事只有我們知道，如果以後你從別人口中聽到今天的內容，那一定是我講的，那時你可以來指責我，甚至跟我絕交。不過，我是真的想跟你做一輩子兄弟！」這句話相當於你先向朋友做出了承諾，同時提醒朋友應該對你承諾，不要讓第三個人知道這件事。

高情商的溝通和表達，不一定直接說出自己的觀點和想法，有時拐個彎說往往更能達到目的。

其次，你要培養同理心。與人溝通時，不管跟主管、同事，還是朋友或其他人，我們都要學會站在對方的角度思考，理解對方的心理、想法和情感狀態。

比如，有人欠你錢，你想把錢要回來，這時要先學會站在對方的角度來溝通：「最近手頭挺緊吧？是不是家裡遇到什麼事了？遇到困難就跟我說，我能幫的會盡量幫，因為我們兩個是最好的朋友，你有難處我必然會伸手。同樣，我也相信我有困難時，你不會袖手旁觀。」

如果你面對的是一個有道德的人，這樣的開場白顯然要比你直接跟對方要錢、直接讓對方沒面子有效得多。當然，如果你遇到的是無賴，那就不是情商層面能解決的問題了。

還有，你要知道自己和他人的邊界。

在跟別人交流時，如果彼此還沒有變成熟人、朋友，我們說出來的話過於隨便可能會令對方不舒服。所以要注意交談邊界，把握好分寸。

同樣，如果別人說話令我們感到不舒服，我們也要適當提醒對方。尤其在一些商業溝通中，在尊重彼此的利益和名譽的前提之下，我們要時刻讓對方知道，我們的邊界是什麼。

又次，你要了解自己的情緒變化。

在與人溝通時，不論會不會被激怒，我們都要盡可能的保持冷靜和理智，避免自己被情緒控制。

我身邊曾有幾個能力很強的朋友，平時待人真誠、熱情，但他們都有個致命的缺點，就是控制不住情緒，經常因為一點小事失控，導致嚴重內耗。試想一下，如果一個人遭遇一點小挫折就一蹶不振，很容易消耗自己的能量。還有人像鞭炮一樣，因一點小事就爆發。這類人情商普遍不高，遇到問題一般也較難圓滿的解決。

最後，你要建立積極的人際關係，主動、積極了解身邊朋友的興趣愛好，甚至是他們的背景，這可以幫我們弄清楚能與對方溝通和討論的話題，從而為自己贏得更多的機會。

當然，提高情商不是一蹴而就的事，需要持續學習、思考、總結、實踐，更要時刻保持謙虛、開放的態度，接受他人的意見和建議，不斷改進自己。我相信，堅持下來，你一定會成為一個高情商、自我管理能力出色的精英，也一定會收穫更好的工作和人生。

■智商決定起點，情商決定高度

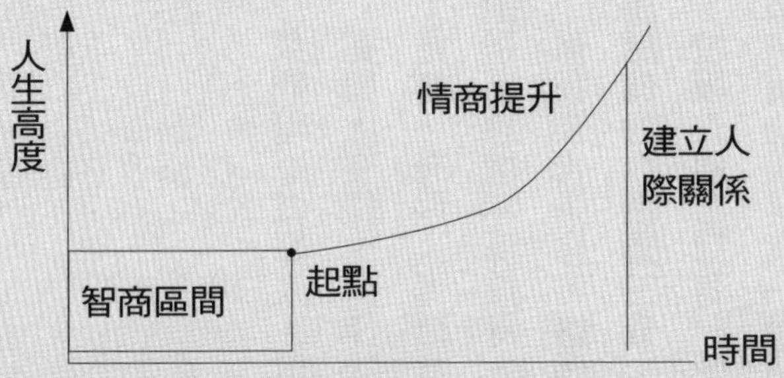

提高情商不是一蹴而就的事，你得做到以下 5 點：

1 你要不斷的提升溝通和表達能力。
不管生活還是工作，能清晰表達自身想法和觀點很重要，但更重要的是，你要學會有效溝通和表達。

2 你要培養同理心。
在與人溝通時，不管是跟主管、同事，還是朋友或其他人，我們都要學會站在對方的角度思考，理解對方的心理、想法和情感狀態。

3 你要知道自己和他人的邊界。
跟別人溝通和交流時，若彼此還沒變成熟人、朋友。在這種情況下，我們就要注意交談邊界，把握好交談的分寸。

4 你接著要了解自己的情緒變化。
在與人溝通時，不論會不會被激怒，我們都要盡可能保持冷靜和理智，避免自己被情緒控制。

5 最後，你要建立積極的人際關係。

3 對待「垃圾人」，點頭不深交

我們可以做好人，但一定不要做濫好人。

在與人交往、合作的過程中，我們總會發現一些垃圾人讓我們吃虧、給我們教訓。這時，有些人習慣當老好人，忍氣吞聲、任由對方觸碰甚至踐踏自己的底線，理由是不想把關係搞得太僵。

但我要告訴你，**這個世界不會因為你當老好人而變得美好，別人也不會因為你好說話就對你禮讓三分**。

垃圾人通常都有一個共性，就是欺軟怕硬，總愛挑一些比較軟弱、好說話的人欺負。有些人具有「吸渣」體質，比如有的女孩吸渣男，有的男孩吸渣女；有人經常遇到貴人，有人卻經常遇到小人；有人遇到的都是來幫助他的人，有人遇到的卻是來消耗他的人。

為什麼會出現這些情況？因為很多時候，好人會吸引壞人，善良會吸引騙子。只要是垃圾人，他一定會找好人、能欺負的人，捏一捏軟柿子。這就提醒我們，想在這個世界上好好生活，一定要有剛性，既要學會跟好人相處，還要學會與身邊的垃圾人、小人共存，因為他們也是世界的一部分。

我以前的公司有一個小夥子，他剛來公司時，生活較窘迫，住得離公司很遠，每天要擠好幾趟公車才能到公司。我見他每天很辛苦，就找了個空間，讓他住在公司，不用每天上下班跑那麼遠，他很高興。但公司很快就出現一個新問題：新入職員工不到一個月便找我加薪。後來我才知道，是這個我照顧過的小夥子覺得我好說話，所以給他們出的主意來找我提加薪要求。

還有我以前的同事，聽說我創業後，就想來我的公司和我一起幹。畢竟是熟人，所以我很歡迎他。結果我發現，只要我在場，他什麼都做，我一離開，公司就找不到他人了，打電話也不接，沒人不知道他去了哪裡。無奈之下，我告訴他：「我公司可能不適合你，你走吧。」過了一段時間，有人告訴我，他從我這裡離開後，到外面一些諮詢公司面試，就跟人家說，他在我這裡幹過，並且拿過很高的薪水，以此來要求更高的薪水。我聽了很無言。

透過這兩件親身經歷的事，我想告訴大家：有的人可以講理，有的人你跟他講不出道理。有時你希望能跟對方好好溝通，但對方根本不按常理出牌。

如果你迫不得已要跟以上這些人打交道，我教你一個方法：點頭不深交。當然，要認清一個人到底什麼樣，我們要提前了解和判斷對方。

首先，透過細節觀察深入的了解一個人。以小見大，藉由一些小事判斷其品行。比如，這個人是不是愛占便宜、是否欺軟怕硬，包括他在自己的朋友中處於什麼地位，他平時生活狀態如何，他對周圍的人怎麼樣等。

如果一個人對周圍的人都很友好、仗義，他大概是不錯的人；如果他動不動就要占小便宜，那麼他可能是個愛占便宜的人。

遇到垃圾人，我們要收起仁慈之心，展現出強大的一面，讓垃圾人有所顧慮。你的心會決定你所有的動作和行為，遇到垃圾人，讓心硬起來，不要讓對方有機會欺負你。

我們在職場上都有這樣的體會：如果無限度的容忍別人，會讓對方得寸進尺，總有一天你會忍無可忍。如果不想出現這種局面，在面對垃圾人時別手軟。

其次，你可以「去之者縱之，縱之者乘之」。

如果你在職場上不得不與垃圾人打交道，對方在地位上又壓你一頭，你也可以採取另一種應對方法，就是他越欺負你，你越不還手，而是使勁的縱容他，甚至捧殺他。

《鬼谷子》中有一句話，叫「去之者縱之，縱之者乘之」，指想要除掉一個人，要放縱他，等著他自己留下把柄，再順理成章的控制甚至除掉對方。**有時示弱並不是真的害怕對方；向對方低頭，是為了讓自己有更大的收穫**。

最後是以其人之道，還治其人之身。

我讀國中時的某天，一個同學到我家玩，等他走後，我發現自己的一條項鍊不見了。當時我沒多想，以為是自己弄丟了。後來，我在一個本來不打算參加的聚會上，看到這位同學脖子上戴著我遺失的那條項鍊。我當時非常生氣，想馬上質問他，但冷靜下來後，覺得這樣的處理方法不合適。

於是，我就走過去，心平氣和的對他說：「你那天戴走我的項鍊，是不是忘記跟我說了？我有點忘了。」

他明顯愣了一下，然後馬上笑著說：「我那天說了，你一定是忘記了。」我立刻回道：「對對，你說了，看我這記性。不過，我得把項鍊拿回來了，因為〇〇也想戴幾天。」他說：「我一會兒就還你。」

就這樣，我順利要回項鍊，從此再也沒提過這件事，我們也維持不錯的關係。

當你遇到垃圾人時，能繞開則繞，實在繞不開，就積極應對，絕對不能袖手旁觀或想著息事寧人，否則只會讓自己遭受損失或受到傷害。

「聖人之道陰，愚人之道陽。」聖人做事都是藏而不露的，只有愚人才會什麼都讓人知道。遇到好人、貴人，我們可以把心窩子掏給對方，與對方一起進步，彼此扶持；遇到居心叵測、心懷不軌的人，我們不但要能分辨，還要學會冷靜應對。如果人生中不經歷這些事情，你永遠都長不大，也無法變得優秀。

■對待「垃圾人」，點頭不深交

好人與好人之間的友情，有時就來自一起對付壞人。

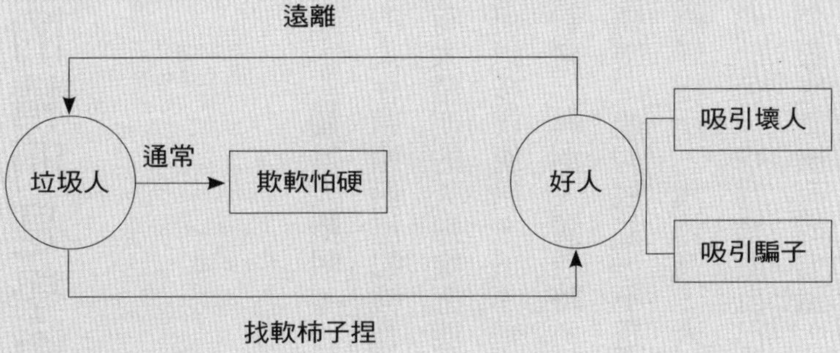

提前了解和判斷垃圾人：

1 透過細節觀察深入了解一個人：
了解一個人要以小見大，就是透過一些小事去判斷這個人的品行。

2 去之者縱之，縱之者乘之：
想要除掉一個人，就要放縱他，等著他自己留下把柄，再順理成章的控制他，甚至除掉他。

3 以其人之道，還治其人之身：
當你遇到一個垃圾人時，能繞開就繞開，實在繞不開，就積極應對，絕對不能袖手旁觀，或者想著息事寧人，否則只會讓自己遭受損失或受到傷害。

聖人做事藏而不露，只有愚人才會什麼都讓人知道。

4 真正的精明是學會合作

精明分兩類，一類是大精明，一類是小精明。

耍小精明的人在憑藉自己的機警獲勝後，會忍不住向別人炫耀，但他的精明也到此為止了。有大精明的人每次都能以自己的機智獲勝，但他從來不說，也威脅不到別人，所以可以多次使用。這才是真正的精明。

在很多人看來，與別人溝通時，要盡可能的展現出自己精明能幹的一面，讓對方知道自己很厲害、能力很強，不是好惹的。

我的觀點剛好相反。我認為，**人應該學會隱藏自己，隱藏才能、需求、情緒，讓喜怒不輕易形於色，學會積攢自己的心力。**

心力是我們最應該擁有的力量，有了心力，我們就有了方法和技巧；反之，沒有心力，就沒有真正精明的大腦，就算你有一張機靈的面孔和一些精明的不過細枝末節的隻言片語，對溝通也沒什麼意義。不僅如此，這還可能害了你，因為你根本沒有駕馭這一邏輯的能力，也根本觸動不了別人接納你、與你結交的可能性。

當然，有的人可能短期內能憑藉自己展現出來的精明獲得機會、賺到錢，但這只是在殺雞取卵，消耗自己的資源，甚至在浪費未來更好的資源。記住，**高手一定是看起來有些傻的，只有假裝高手的人才會顯得很精明**。有個詞叫「大智若愚」，說的是真正有智慧的人，看起來好像都很愚笨；反過來說，有些人是「小智若精」，原本沒有很大的智慧，非要裝出一副精明的樣子。但這樣的精明並不能給你帶來長久的發展，因為早晚會被人識破，未來越走越難。我們要做的應是讓道路越走越簡單，開始時難一點，後面越來越順利才行。

我過去創業時，起初挑選項目都先挑選簡單的專案，覺得這種項目容易操作，賺錢也快，多好啊！我甚至還為自己的「精明」沾沾自喜。

但公司慢慢做起來之後，我發現用這套手法根本駕馭不了現在的規模。我必須重新規畫，制定更詳細且長久的戰略，但這時再來安排和制定戰略，比一開始難很多，因為鋪的面太大，所以必須耗費更多精力以及更強的能力，才有可能做好未來規畫。

人若想長久發展，必須先努力讓自己的系統變得高級和複雜。如果你的系統太簡單，後期就難以應對。舉個最簡單的例子，你把一個複雜的遊戲裝入一部系統較低的手機裡，結果要麼遊戲動不了，要麼手機卡，甚至導致系統崩潰。

這個世界上的道理都是一樣的，不管是機器還是人，一旦系統不夠好，卻想玩大型遊戲，最後只會導致自己當機。

世上大部分人希望自己能成為一個真正精明、有成就的人，而不是平凡者甚至失敗者，但你知道成為精明而有成就的人，重要前提是什麼嗎？答案是合作。

我們身邊有一種人：能力強，認知高，知識面廣，甚至上知天文，下知地理，無所不通。但他幹什麼都是單打獨鬥，沒有團隊，每天親自應對各種事務，忙得不可開交，經常感覺力不從心。

請仔細想想，你覺得這樣的人累不累？你想成為活成他的樣子，還是成為身邊有一群人跟著自己一起行動的人？你覺得這兩類人誰會在未來發展得更好？

有人可能選擇前者，認為只要能賺錢，一個人做事和一群人行動，沒什麼區別，無非就是累一點。但這樣賺的錢可以完全歸自己所有。一群人幹，掙點錢還得分給別人，不划算。

這種情況很常見，尤其是對很缺錢的人來說更是如此。如果你眼前放著兩個機會，一個是馬上賺到錢，一個是獲得優秀團隊，我相信不少人都會選擇前者。

但是，我要告訴你一支事實：**真正聰明的人，即使他身處谷底，也會放棄第一個機會，而選擇獲得一個團隊**。這就像是項羽和劉邦的關係。論單打獨鬥，一百個劉邦也打不過一個項羽，但因劉邦學會了合作，他雖然能力不強，但是他把一群很厲害的人組織在一起，形成一個團隊，用團隊的力量去對抗單一力量的項羽。

記住，學會合作不會讓你喪失擁有團隊的機會。如果每天忙得不可開交，大事小事都親力親為，身邊連個助理都沒有，**就算你有一身本領，也都消耗在瑣碎的小事上了**。更重要的是，在你成為厲害但單打獨鬥的冠軍的過程中，你同時喪失了擁有團隊的機會，失去讓自己未來發展更好的機會。

只有懂得借助團隊力量，才有可能快速爬出谷底，走上人生巔峰。

我以前就遇到過這樣的人，當時我問他：「為什麼不選擇馬上賺錢，而是選擇一個合作夥伴？」他告訴我：「雖然我沒有錢，可是賺這點錢又能解決什麼？也許只能解決眼前的吃喝問題，以後怎麼辦？只會再次陷入困境。選擇優秀的合作夥伴，代表能增強自己的力量，自己的系統也可以變得強大、高級，因此獲得更多、更好的發展機會。哪怕現在困難一點，以後只會越走越好，而不是越走越難。」

事實證明，他的選擇是正確的。因為當你擁有一支團隊後，解決問題的辦法會更多，上升的高度和前進的步伐也會更高、更快。相反，單打獨鬥的人只能追求個人能力的增長，殊不知，不管怎麼提升能力，一個人能做的事、能走的距離終究有限。這就是為何同樣陷入低谷，有人能快速爬上來，有人卻怎麼都爬不上來。

在生活和工作中，我們到底要把一件事從簡單變複雜，還是從複雜變簡單？如果你把複雜的事情變簡單，你的時間就會不斷增加，越向前走就越容易；反之，則不斷壓縮自己的時間，越向前走就越難。

把複雜的事情變簡單的有效途徑，就是隱藏個人的鋒芒，尋找到優秀的合作夥伴，利用團隊的力量去獲得更大的利益。

■一個人能做的事有限，找到夥伴分工才能走更遠

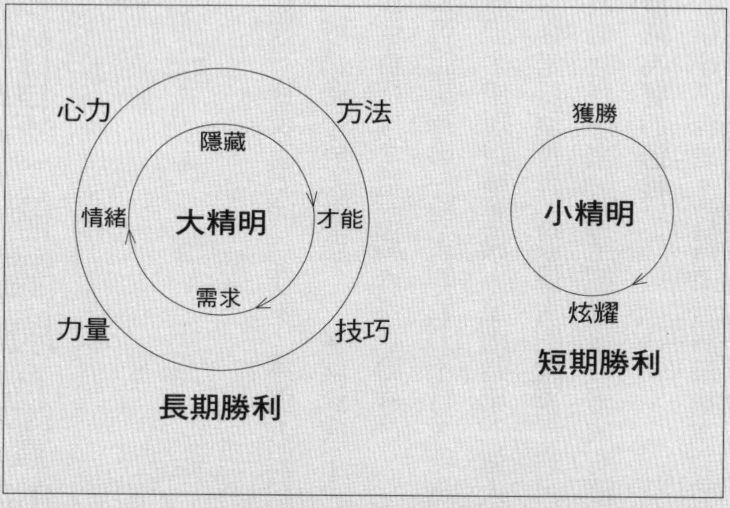

- 高手一定是看起來有點傻，只有假裝高手的人才會顯得很精明。
- 系統不夠好，卻想玩大型遊戲，最後只會導致自己當機。
- 真正精明的人，即使他身處谷底，也會放棄第一個機會，而選擇獲得一個團隊。
- 把複雜事變簡單的有效途徑，就是隱藏個人鋒芒，尋找到優秀的合作夥伴，利用團隊的力量去獲得更大的利益。

5 合作是一個變廢為寶的過程

有這樣一種現象：同一件事，某個人去談好幾次都談不成，最後雙方都快談成敵人了，可是換一個人處理，一次就談成了，雙方還達成了愉快的合作。

為什麼會這樣？這兩個人差在哪裡？

有人可能認為第一個人的能力不行，但具體是哪方面能力不行，又答不出來。

實際上，出現這種差異，是因為第一個人不懂得合作的重要性。而我要告訴你的是：合作是這個世界上最偉大的魔術，它可以讓廢品變成有價值的產品，讓廢人變成有價值的科學家，甚至能讓廢墟變成有價值的科學研究物件。簡而言之，**合作是一個變廢為寶的過程**。

但合作並不容易，它需要一個最基本的前提叫開放。沒有開放，任何合作都難以達成。什麼是開放？怎樣才能做到進而實現合作？

根據我的經驗，我認為要做到開放，必須具備五個要素：

1. 開放的視野

如果有人跟你講一件事或一個觀點，你馬上回應：「這個幾年前就有了，別人也跟我探討過。」、「經歷過這種情況，我也知道怎麼處理更好。」、「這個觀點不算新穎。」……你覺得對方會有什麼反應？

換位思考，便能知道對方內心一定很不舒服，不願意再繼續與你交談。這種做法就是視野不夠開放，對外界缺乏探索心和好奇心，感覺什麼都不新鮮，因此難以激發其他人的表達和分享欲望。

而有探索心和好奇心的人，感覺每一天都很新鮮、新奇、特殊、美好，對新出現的概念、事物、產品、觀點等，表現出強烈的好奇和探索欲，並期待對方可以進一步表達，由此引起對方的好感和表達欲望。這不僅能開闊自身視野，還能與對方深入溝通，最終達成合作。

相反，如果你感覺身邊什麼都不新奇，看什麼都覺得是一樣的、無趣的，甚至馬上做出判斷，又怎能期望別人對你的工作和事業感興趣，主動談合作、為你投資？雙方合作的前提，一定是對彼此感興趣的。

所以，**開放的視野說的就是你好奇心多強、胸懷多大、內心能裝下多少東西，你能容忍多少委屈和不平**。

2. 開放的格局

我相信很多人都有過這樣的經歷：自己正跟別人談論一件事時，身邊的人忽然全盤否定你，覺得你說的是錯的，甚至批判你。這時，你的第一反應可能是為自己爭辯，試圖說服對方接受自己的觀點，最後兩個人甚至會為此爭吵起來。

但我要告訴你的是：一旦你與對方爭吵，你就輸了。

我用親身經歷告訴你該如何應對這種局面。

有一次，我代表自己的個人品牌諮詢公司跟某投資人談投資事項，當時這位投資人旁邊還坐著一個人。我剛坐下介紹公司情況，旁邊的人突然冒出一句話：「你這個行業根本不行，以前沒人這麼做，你這個公司根本幹不成。」接著列舉一堆行不通的理由。

我聽著他的話，既沒馬上反駁，更沒爭辯，而是馬上點頭應答：「您說得非常有道理……不好意思，我能記筆記嗎？您的話很觸動我。我見過很多投資人，從沒有一位投資人的話讓我這麼震撼。」

對方一愣，沒想到我會認同他，於是立刻打開話匣子，把自己過去的創業經歷講一遍。說到後面，他改變之前的反對態度，說：「我覺得你這個專案有幾個方面可以不動，但要做一些調整，跟其他幾個賽道建立聯繫。目前在國內沒有你這個項目，這也是你最大的機會。」

你看，對方從一開始完全否定我的專案，到後來轉變態度，認為這是我的機會，其原因就在於我接納和認同他，使他的情緒和心態出現變化。這也讓我領會到，**一個人的情緒和心態，會決定他說出來的話**。

最後，我謙虛的說：「兩位的建議讓我猶如醍醐灌頂。我回去按照您們剛才講的來修改方案，不知道兩位下次能不能再抽空見我一面？不會浪費太長時間，十五分鐘就好。如果您們還是覺得我的方案不可行，我馬上離開。要是覺得還可以，我希望兩位能再多給我一些指點。我希望我的公司在未來成長的道路上，能有您們的扶持和幫襯。」

試想一下，如果你是投資人，聽完我的話後會作何反應？是繼續批判我，還是會改變對我的印象，甚至伸手支援我的項目？這就是開放格局帶來的正面效應。

在很多人看來，「格局」很虛擬、縹緲，似乎難以落地，「開放的格局」更不接地氣。但說白了，**開放的格局就看你的內心能不能包容和接納對方**。有的人做不到，尤其在別人反對、否定自己時，立刻就急了，或乾脆離開、不理對方。這是不行的。要知道，你與對方溝通是為了達成合作，而不是賭氣或吵架。

包容和接納對方也不是嘴上說說，內心也得這樣想。你要讓對方認為，他能用獨特視角來看待你的問題，讓你增加知識和見識，可以補全你的認知。若你認同他的觀點，還表現出佩服，就能從他那裡學到過去從未接觸到的東西。

只有這樣，對方才可能接受和認同你的觀點，並繼續與你深入交流，甚至最後雙方達成愉快的合作。

3. 開放的表達

我以前很喜歡全國各地到處跑，參加各種活動，聽不同的講座。過程中，我的認知確實提升了不少，但始終沒有得到更好的發展機會。這讓我很困惑。後來才明白，這是因為我一直在聽別人說，沒打開自己的嘴巴，不好意思主動與人交流，不會跟人搭訕。這種情況下，誰會主動找你，跟你合作？

古代時，即便一個人具有定國安邦之才、平定天下之志，但不會說話，不主動與人結交，不向人推薦自己，不讓別人看到自身才華和能力，也難有出頭之日。所以你會發現，古代那些很厲害的人也要毛遂自薦，主動向那些能給自己帶來機會和幫助的人展示自己，這樣才能有機會施展自己的才華和抱負。

這就是開放的表達。如此，你才有可能獲得他人的青睞，獲得更多的機會。

4. 開放的表情

以前我在跟人交往時，都是一副冷冰冰的姿態，大家對我的評價也是高冷，其實我內心很渴望與人交流，只是害怕自己把握不好表情，給人留下不好的印象。

後來我發現這樣不行，越高冷，別人就越不敢接近。為了不讓其他人對我產生這樣的印象，我開始每天對著鏡子練習，表情怎麼呈現得更放鬆、更友好，怎麼笑看起來更和藹可親。

這樣一來，我跟人溝通時就順暢多了，大家也發現，我其實是很風趣、很幽默的人，由此也更願意與我結交。

5. 開放的腿腳

有一類商人叫「行商」，他們會挑著擔子，背著布包，騎著馬，不停的走，尋找商機。這類商人具備的特性之一，就是有開放的腿腳。

同理，你不能只坐在家裡等機會降臨，而是要出去主動跟人往來，尋找機會，創造機會，找人合作。如果你一年都不出去一次，也接觸不到幾個人，不跟人交流互動，哪有合作機會？

所謂的開放，就是讓自己打開格局和視野，製造充分的契機，創造充分的交流環境，跟更多的人充分的溝通，構建充分的緊密關係。這些都是在為自己未來的合作打基礎、做鋪墊、找機會、挖流量、製造可能性。如果你達不到這五個「開放」，就不會產生合作。

任何合作都是慢慢產生的，在這個過程中，你要把自己變成一種磁力，把別人吸引過來。如果發現別人沒過來，就要及時反思自己，是不是沒打開格局？是不是沒產生好奇心？是不是說話、表情沒到位？還是不夠勤快？反思之後，及時糾正。

這五個開放就是你吸引和觸動別人的工具，讓本來反對你的人被你征服，本來批評你的人被你吸引，才是你的真本事。

■ 合作的前提——開放

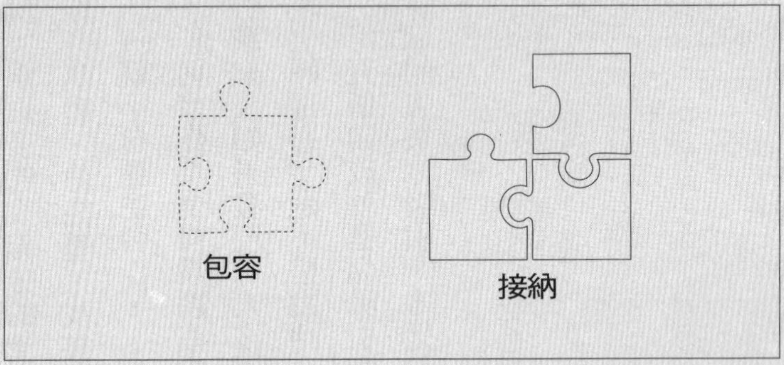

開放必須具備 5 個要素：

1 開放的視野：
好奇心有多強、胸懷有多大、內心能裝下多少東西，你就能容忍多少委屈和不平。

2 開放的格局：
看你的內心能否包容和接納對方。

3 開放的表達：
不會說話，不主動與人結交，不向人推薦自己，不讓別人看到自己的才華和能力，也難有出頭之日。

4 開放的表情：
越高冷，別人就越不敢接近你。呈現的表情更放鬆、更友好，看起來更和藹可親才能與人結交。

5 開放的腿腳：
不能只坐在家裡等機會降臨，而是要出去主動跟人交流，尋找機會，創造機會，找人合作。如果你一年都不出去一次，也接觸不到幾個人，不跟人互動，哪來的合作機會？

6 用吃虧觸發信任

人與人交往最重要的前提是什麼？有人說是平等，有人認為是尊重，還有人乾脆說是利益。從某種程度上來說，以上這些說法都沒問題，但我認為，人與人之間交往最重要的前提是彼此能觸發信任、喜悅和希望。

人需要交流、溝通，但更需要觸發。因為只有觸發，才能讓對方轉變思路、角度，甚至改變心態及情緒與我們交流。也只有將交流、溝通的級別上升至觸發時，我們才能俯瞰全域，看清事情的本質，乃至最後掌控大局，順利達成合作。

怎麼做才能在人際交往中有效的觸發信任、喜悅和希望？

首先，**用吃虧觸發信任**。

說起吃虧，你可能覺得不可思議，吃虧難道還成了好事？

其實，在人際關係中，你吃的虧越多，別人越容易信任你。若你上來就想占便宜，不肯吃一點虧，最後對方可能做什麼都防著你，不管做什麼都不願意帶你，如此一來，你怎麼與人往來甚至合作？只有傻子才管急著占便宜，高手都肯吃虧。

舉個例子。有一次，我去一家公司參觀，到門口下車後，帶我們進門的人跟我說了一句話，就把我鎮住了。對方非常有禮貌的說：「恒先生，您方便走左邊的門還是右邊的門？」我當時不知道怎麼回答，心想能進去不就好了。

在我猶豫的片刻，對方引導我到右側門，說：「恒先生，我沒有徵得您的同意，就請您走右邊。因為我覺得喜歡走左邊的人比較理性，喜歡走右邊的人比較感性，而您一看就有豪情壯志，所以我帶您走右邊。」

等準備用午餐時，服務人員又過來問：「恒先生，請問您早上吃飯了嗎？您早餐通常吃什麼？」我說：「早餐吃了一點雞肉。」對方說：「那好，等等我們就不點雞肉了，點其他肉類，讓一天的營養均衡一些。若您有什麼忌口請告訴我。」

在這個過程中，服務人員其實可以不用提供這麼體貼的服務，直接打開門，讓你進來；坐在桌前，等你點菜然後用餐，你也挑不出什麼毛病。但人家卻願意站在客戶的角度，寧可自己累一點、費事一點，也要讓客戶滿意。試問，你對這個公司的印象好不好？你下次想不想跟這樣的公司接觸、合作？

這就是透過自己讓吃虧以觸發對方的信任，讓他對你好感倍增，接下來對方也會帶著愉快的心情跟你談合作，成功率因此更高。

其次，用氣氛觸發喜悅。

以前，朋友舉辦聚會或慶祝活動時，我都在心裡暗諷他們。尤其是生日聚會，當朋友一本正經的許願、吹蠟燭時，我就在想：這麼大的人還搞這套，真幼稚！

但現在我完全不這麼想了，有時我甚至主動幫朋友籌畫各種聚會。同樣，學員邀請我參加生日派對時，我也會欣然前往，蛋糕一上來，我立刻歡快的拍手、歡呼。雖然蛋糕不是我買的，蠟燭不是我點的，車子也不是我推過來的，但我的聲音一定很大。因為我發現，觸發別人的喜悅，讓他人更加快樂，大家更容易記住你。

事實上，事後別人回憶起這些活動時，可能不記得蛋糕是誰買的、蠟燭是誰點的，但他一定能記得當時的氣氛，而這種氣氛之中有你。

這就是用氣氛觸發喜悅。其目的是讓自己有存在感，讓別人想起一件愉快的事情時能一下子想到你。如果你在別人心裡毫無存在感，即便對方有好事也想不到你，如此一來你與人深入交往的可能性就逐漸降低。

最後，用溝通觸發希望。很多厲害的人十分善於觸發大眾的希望，比如伊隆・馬斯克。在特斯拉（Tesla）電動汽車出現之前，電動汽車已經存在很多年了，但始終發展不起來。而特斯拉一面世，很多車主都願意購買。

因為特斯拉用自己的溝通方式觸發了希望——讓大眾更加注重舒適和流暢的駕駛體驗及追求環保等。馬斯克還表示要用火箭把人類移民到火星上，也直接觸發了人類想要登上火星的希望。所以，越來越多人信任並追隨馬斯克。

這就是觸發希望帶來的效用。不管在任何時候，你想與人往來、合作，甚至讓自己成為領導者，一定要利用溝通來觸發希望。只有別人感覺跟著你做事有望時，他們才願意在你身上投入人力、財力、物力，支持你完成你們的共同目標。

舉個最簡單的例子，每個人都想長生不老，如果你對我毫無所知，我突然說：「我發現一種東西，只要能開發出來，就能讓人類擁有一次長生不老的機會。但研發費用很大，你願意跟我一起做這件事嗎？」

有人覺得我這樣說不切實際，但我告訴你，所有的騙子都在用觸發希望，讓別人主動掏錢給他，而且騙子還會透過一段一段的故事，清晰、具體描述希望。為什麼那麼多人會上當？就是因為他們被騙子觸發了信任和希望，最後心甘情願的拿錢給騙子。當然，我們不能用這種方式去騙人。我想說的是，觸發希望是一個與人建立交往、贏得信任與合作的重要前提。

這個世界上最有意思的事就是顯而易見的事情，你看不到，說明你的級別不夠、段位不夠，所以你需要不斷提升自己的等級，成為一個能站在雲端視角，掌握高級技能的人。在這個過程中，你得不斷學習如何獲得別人的信任、喜悅和希望。但觸發別人也同樣需要段位，有的人需要在現場才能觸發，有的人靠聲音或文字，甚至靠表情。實際上，這些觸發背後都有一個共同的邏輯，就是溝通。

亞里斯多德曾指出，**人與人之間建立連接最重要的一點，就是說話者跟聽眾在感覺、渴望、希望、恐懼和激情上建立連接**。這其實就相當於給了對方一顆定心丸，讓他們知道你值得信賴，能為他們帶來喜悅和希望，由此也更願意打開心門跟你溝通，甚至主動與你合作。

■ 人與人交往，最重要的是連接情感

如何觸發交往底牌：

1 用吃虧觸發信任：

透過自己吃虧、費事觸發對方的信任，讓對方對你產生好感，接下來對方也會帶著愉快的心情跟你往來、談合作，成功的機率也會更高。

2 用氣氛觸發喜悅：

觸發喜悅的目的，其實就是要讓自己有存在感，讓別人在想起一件愉快的事情時能一下子想到你。

3 用溝通觸發希望：

不管在任何時候，你想與人交往、合作，甚至讓自己成為領導者，都一定要善於利用溝通來觸發別人的希望。

7 人際關係中的剪刀、石頭、布

經世之本，識人為先；成事之本，用人為先。這是歷代成功者必遵循的規律。

人們經常會玩的猜拳，就蘊含一個客觀規律：世上很多東西沒有大小之分，大就是小，小就是大，大小互相成為一個迴圈。

人際關係中就存在著這樣的規律，有人是石頭，有人是剪刀，有人是布。例如，在一個幸福的家庭裡，往往是媽媽管爸爸，爸爸管孩子，而孩子可能管著媽媽。這就是人際關係中一個非常簡單，卻非常厲害的循環。

這種情況在朋友中也很常見，比如你拿A一點辦法都沒有，但B卻能把他管得服服貼貼的。而在某些方面，另外B可能還會聽從你的一些建議。

其實這是一種心理狀態或叫心理喜好程度，難以用理性的辦法來分析，我們也可以認為這是一種能量之間的互相制衡。它同時提醒我們，想要獲得穩定的人際關係，必須先梳理心理關係，而心理關係就是「剪刀、石頭、布」。

生活中存在各種博弈遊戲，但在人際關係中，心理才是最終的博弈遊戲。例如，你想跟一個女孩談戀愛，你可能要先跟女孩的閨密成為朋友，這樣你跟女朋友吵架了，閨密就能在她面前替你說幾句好話。結婚後，你還要跟女孩的父母打好關係，照顧好岳父、岳母，萬一你跟老婆吵架，他們肯定會幫你勸勸她。

這樣一來，在你看中的人、愛護的人甚至是在你仰仗的人身邊，你就已經做好了「剪刀、石頭、布」的布局，且一定會在必要時刻發揮效用。

我某位朋友家聘請的廚師阿姨有一項絕活，就是蒸的包子很好吃。每次一些比較重要的人到這位朋友家拜訪，他都請阿姨蒸包子吃給大家，眾人吃著香，聊起來也更開心。你可能很難想像，很多跟這位朋友熟悉的企業家，甚至專門「借」這位阿姨去他們家裡蒸包子。在這段人際關係中，這位阿姨就成了猜拳中的一個環節，幫助我朋友維繫了人際關係。你看，這是不是很有趣？

「剪刀、石頭、布」三者在人際關係中缺一不可，如果只有兩個，這個遊戲玩起來就很無趣。比如，只有石頭和布，你出石頭，他出布；你出布，他出石頭，彼此之間總有一個贏、一個輸。但是你和對方都想贏，你們的遊戲便陷入死局。不過一旦剪刀出現了，就能打破這個死局，你們的關係會因此而變得靈活。

所以，我們要認真對待自己人際關係中的「剪刀、石頭、布」，它是你的人際關係的一種迴圈。有的人可能在一件事上拖累你，但在另一件事上可能就會起到關鍵作用，幫助你獲得勝利。明白了這個道理後，你會發現，身邊其實都是好人，沒有壞人。因為他們和你一樣，可能是石頭、剪刀，也可能是布，彼此支持、支配、支撐，也能互相借用、開心、喜悅。這是人際關係中最美好的狀態。

《道德經》中有句話，叫「水善利萬物而不爭」——至高的善德善舉就像水一樣，默默滋養著世間萬物而不爭強鬥勝。如果你想獲得良好的人際關係，讓身邊的人為己所用，就要像水一樣，不跟任何人急，不跟大家爭，也不給每個人留下不好的印象。有人可能覺得這樣太累了，其實如果你懂了本節提到的原理後，就會發現做到「水善利萬物而不爭」一點都不累。因為人與人之間的任何關心、幫助和友好都是相互迴圈的過程。你今天的付出，明天可能就會成為你的收穫。

■人際關係中的剪刀、石頭、布

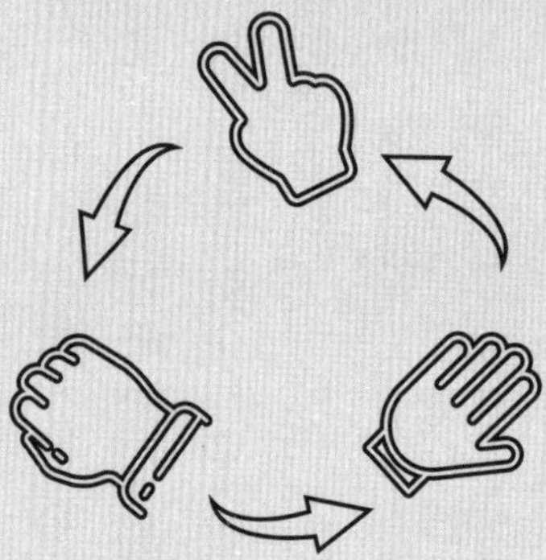

人際關係當中就存在著「剪刀、石頭、布」所蘊含的迴圈規律，有人是石頭，有人是剪刀，有人是布。

人際關係中的博弈：

- 想要獲得穩定的人際關係，必須先對心理關係進行梳理，而心理關係就是「剪刀、石頭、布」。
- 有的人可能在一件事上拖累你，但在另一件事上可能起到關鍵作用，幫助你獲得勝利。
- 人與人之間的任何關心、幫助和友好都是一個相互迴圈的過程。你今天的付出，明天可能就會成為你的收穫。

8 初期一人幹，中期兩人做，後期靠團隊

人類為什麼強大？因為人類懂得合作，合作就會變得強大。

進化論提到物競天擇，適者生存。為此，家長、老師都教育我們要努力學習，爭奪班級的前幾名，只有名次靠前，以後才可能有出息，才會贏得別人的尊重。

但長大後我們發現，前幾名的關係都只停留在表面，大家見面後也只是彼此寒暄，卻不會深入交往，而班級排名最後的幾名同學彼此關係特別好，他們的感情甚至可以延續到工作和生活中。

這個世界上每時每刻都有物種滅絕，其中七五%都是不合作的物種。很多強大到一巴掌可以拍死其他物種的動物，也可能會因為不懂得合作而消亡。而一些群居動物，如螞蟻，反而可以存活很長時間。還有很多植物，像是生長在深山中的大樹

都有樹冠邊界，在長成參天大樹後，樹冠與樹冠都會連接起來。生存靠的是群體，靠個體完全沒辦法活下去，依靠群居反而能在地球上活得更久。互助性強的生物得以延續，互助性弱的生物終將滅絕，這是大自然的規律。

人能存活到今天，就是因為懂合作、互助的重要性，合作和互助也是人類生存和發展的主題。互助高於競爭，也高於不跟別人競爭，它是一種互相幫助、彼此成全、相互成就的概念。

有的人認為自己一輩子不跟別人合作，獲得的成就都是靠自己爭取，這種觀點完全是錯的。互助是人類的一種本能，就像一個人在你面前摔倒，你本能的想去扶他。在有意或無意之中，你幫助了別人，別人也幫助了你。

互助會獲得回報的定律，貪婪則付出更多，兩者的結果完全不同。很多人一心想把自己變強，這也是我們從小就接受的一種教育，但我要說，這是最愚蠢的方式。因為只想著把自己變強的人，體會不到與人合作的快樂，反倒容易在跟自己較勁的過程中迷失自我。

懂得合作的重要性，可以影響你的世界觀和做事方法論，改變你在人群中的定位。若過去你總是從競爭出發，那麼現在要進步，就該從合作出發，處理人與人之間的關係，學會跟人打交道，這是一件很難的事，並且別人無法教會你，需要你不斷的經歷、吃虧和磨煉，這能讓你更好的立足世界。

相比之下，競爭倒是容易得多，想跟別人爭什麼，就直接與對方對抗，比如國與國之間的戰爭。但你發現了嗎？戰爭因競爭而起，因合作而勝。如果想贏得戰爭，就必須先學會合作，而不是競爭。

在絕大多數人的思維裡，「搶」是一種思維，「合」也是一種思維。但我告訴你，後者的意思是給予。與世無爭、無所求，那都不是合作思維。只有聯合起來，互相給予、彼此援助，才能稱作合作思維。

有人可能會說，雖想和他人合作，可是那些厲害的、想合作的人卻不肯理自己，自己總是拿熱臉貼冷屁股，這該怎麼辦？

相信你聽過劉備三顧茅廬請諸葛亮的故事，既然你想跟人合作，就要有足夠的誠意。要知道，不光你有競爭思維和競爭邏輯，其他人也有。**合作的基礎是互助、互援**，必要時你可能要藉由付費來表達對對方的重視。光談感情，不肯花錢、下血本，是很難有效果的。

說到這裡，有人可能會問：既然合作這麼重要，是不是代表競爭不重要？

當然不是。合作固然重要，但其實既合作又競爭才能發展最快，人是如此，企業也是如此。例如，對於企業而言，小型企業只談競爭，不談合作，因為小企業沒時間找人合作，也沒有更好的資源和籌碼談合作；中型企業既競爭又合作；而大型企業只談合作，不談競爭，看到好的企業就想收購、並購和合作。

與前微軟董事長比爾．蓋茲（Bill Gates）合作最久的公司，是ＩＢＭ和英特爾（Intel）。微軟與ＩＢＭ、英特爾三家公司，在近五、六十年內都是合作關係。一家提供軟體，一家提供晶片，一家提供硬體，三家公司聯合在一起，幹掉了行業裡超過五〇％競爭對手。試問，如果三家公司不合作，而是互相競爭，我看你的軟體好，我就自己開發軟體，看他的硬體好，就再開發硬體，那麼三家公司不可能發展到現在的規模。

這就是合作的意義和價值，理解這點後，你的人生會變得更簡單，你也可以徹底改變這個世界的某些規則。不管是商業、戰爭，或者是其他的，彼此之間都是競爭與合作的共同體。

而相比之下，合作又比競爭更重要，因為大部分人會競爭，卻不一定會合作。合作是一種很厲害的本領。如果把人生當成一場戰爭，你學習的過程相當於戰前準備，你需要在其中花費大量的時間和精力；而學會合作，則表示你有資格和能力使用別人的時間。

即使你真的想學習，也要學習如何使用別人的時間，而不是自己的時間。你使用別人的時間越多，你用到的人就越多，集體效能獲得的結果也越多。

所以，窮人和富人最大的區別就是：**窮人努力不讓別人使用自己，而富人則努力的讓全世界都使用自己**。如果你不懂得這個遊戲規則，你的一切努力獲得的結果都是反的。

就像普通人與厲害的人的最大區別，在於面對事物、未來的出發點和結果都相反，因為出發點決定了最終結果。你生產車輪，我製作車廂，單獨賣，可能只值五百元，但若兩者組裝成一輛車，可能就創造五萬元的價值。同樣，如果有一百個人、一千個人、一萬個人與你合作，你們共同創造出來的價值自然更大。

真正會規畫人生的人，初期可以一個人幹，中期要兩個人，到後期要一群人，大家一起合作。不管是企業、軍隊，甚至是國家，都要遵循這樣的邏輯。只要你想把事業做大、做好，就要強調合作。

只有持續的合作，你才會真正不斷的變強，直到你的對手都敵不過你。**這個世界上最狠的人，就是能把競爭對手的合作夥伴都找來合作的人，讓競爭對手在市場上一個合作夥伴都沒有。**

合作，可以幫你減少敵人，增加朋友。未來，人與人、企業與企業、國家與國家之間，會越來越講究合作互助，競爭思維會逐漸衰退。**競爭只是在布線，合作才是在布局。**

人並不是懂的知識越多越好，關鍵在於底層思維要建設好，因為它決定了你看待事物的高度。具有不同底層思維的人，獲得的結果也不同。但最終的錯誤不在資訊本身，而在於你自己的思維系統。

■ 人類懂得合作，合作就會變得強大

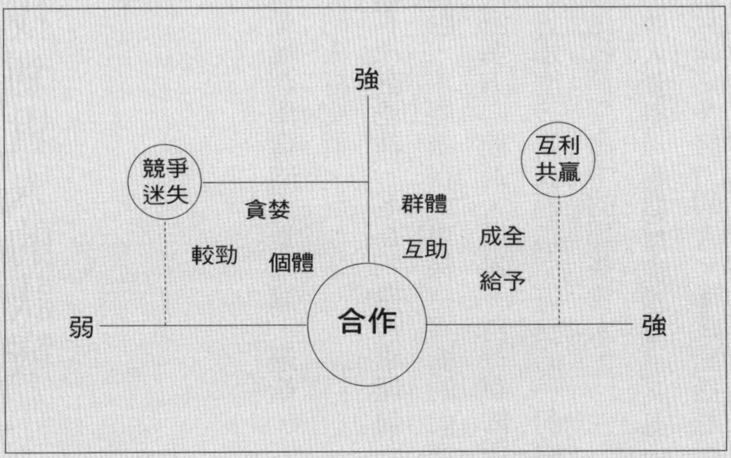

合作共贏思維：

- 生存靠的是群體，靠個體完全沒辦法活下去，依靠群居反而能在地球上活得更久。互助性強的生物得以延續，互助性弱的生物終將滅絕，這是大自然的規律。
- 小型企業只談競爭，不談合作，因為小企業沒時間找人合作，也沒有更好的資源和籌碼談合作；中型企業既競爭又合作；而大型企業只談合作，不談競爭，看到好的企業就想收購、並購和合作。

這世上最愚蠢的方式，就是想方設法把自己變得更強。

9 找到貴人的訣竅

人最應該學會的不是知識、邏輯、方法，也不是經驗。而是如何與這個社會上有資源的人打交道。

我有一套理論，名為「自行車理論」。自行車有兩個輪子，人騎車時，前後輪一起轉動，才能讓自行車保持平衡的前進。假如自行車沒前輪，就沒了方向，不知道該向哪個方向前進。所以，自行車的前輪用來尋找方向。若把我們的人生比喻成自行車，那麼能為我們指引方向的「前輪」是什麼？

就是我們生命中的那些貴人。

很多人覺得，命運掌握在自己的手裡，也應靠自身努力來改變。我也曾這樣想，也見過更多努力的人，都試圖透過自己的力量扭轉命運。但最終我發現，當一輛自行車沒有前輪，它永遠找不到正確方向，更找不到讓自己變得順利的路，甚至還可能走錯路，導致努力全部白費。

所以，在你的人生中，自行車的前輪決定了你的方向，而後輪則是你要依靠的本領。這裡說的「本領」不是指你的學歷、專業或過去取得的成績，而是你在人際關係和跟隨有能力、資源的貴人來往過程中的表現，我總結成六條規則。

1. 穿著要整潔，做事要得體

如果你整天穿得邋遢，即便再有本事和熱情，也沒人願意帶你出去見識更多的人和更大的世面。所以，平時穿著乾淨、整潔，是對維持人際關係最基本的要求。同時，跟隨貴人的過程中，不要做超越貴人身分或能力的事。例如，你的貴人開了一輛不錯的車子，而你為了證實自己的實力，跟對方出去應酬時，開了一輛比對方的車子還要好的車，你覺得這得體嗎？

當你需要跟隨別人一起去接觸更大的人脈圈層時，你所有的狀態都要得體。先讓別人舒服了，後面你才會舒服。

2. 學會支付自己

支付自己，就是要能在對方面前受得了委屈，清楚知道自己的目標是什麼。

我曾看過演員岳雲鵬的專訪，他講述自己成名之前的一些經歷，比如跟著師父學相聲期間，經常在後臺搬桌子、掃地，做各種雜活，直到學到真本領登臺表演。簡單來說，你是來學本領，在這期間肯定會不可避免的付出一些辛苦。但只要對方肯帶你、幫你、願意教你，付出就是值得的。

3. 不炫耀，不邀功

跟隨在貴人身邊，做任何事情都不要總想表現自己，更不要老想著炫耀、邀功，把一件事描述得多複雜，甚至故意讓你的貴人聽到你做這件事有多不容易。換位思考，你喜歡一個天天跟在你身邊炫耀、邀功的人嗎？如果你不喜歡，那麼你的貴人更不喜歡。

記住，你**所有的默默付出都是在為自己積攢財富和機會。過於表現自己，反而會讓你的付出大打折扣。**

4. 有禮貌，有分寸

與人來往的過程中，不論是在公司裡見到主管、同事、部屬，還是在外面見到自己的客戶、貴人，都要有禮貌、有分寸。因為很多時候，**人與人的互動並不是先談事，而是先看禮節**，所謂「做事先做人，做人先知禮」，就是人際交往中最關鍵的因素之一。當別人感受到你的禮貌和尊重，就會迅速對你產生好感，願意與你進一步交往。這時，他們在其他方面才更容易認可你，有好機會也可能想到你。

5. 多塑造經典時刻

經典時刻，就是你在跟貴人往來的過程中，做出一些很漂亮、很拿得出手的事。經由這些事，讓對方看到你的辦事能力、表現出來的格局和氣質等，由此他們會更加認可你，後期才可能把更多的好機會交給你，甚至把你帶入更大的人脈圈中，讓你結識更多有能力的人。

6. 努力做到「宿主絕殺」

玩過遊戲的人都應知道，宿主絕殺是指取得勝利，或者達到最後的勝利。

在生物界中，宿主是指為寄生生物提供生存環境的生物。比如，鯊魚的身邊經常游著一些小魚，但鯊魚不會吃掉這些小魚，還允許牠們撿食自己吃剩下的食物殘渣。這種共生狀態，鯊魚就是小魚的宿主。大鯊魚讓小魚幫助牠們清理身邊的各種殘留物質，小魚則依靠鯊魚填飽肚子，兩者互相依靠。這就是「宿主絕殺」。

如果你能在貴人身邊做到宿主絕殺，與對方形成相互依賴的關係，那麼對方一定不會放棄你，且願意帶你進入更好的人脈圈層。

掌握了以上這套自行車理論中的邏輯後，你能發現，即使用再多的力氣，付出再多的努力，沒有「前輪」帶動，你也會難以走遠。反之，有了「前輪」的帶動和「後輪」的表現，你才能快速脫離自己目前的圈層，觸達到更高圈層中的貴人，進而獲得他們的幫助和提攜。記住，想要觸達到更高的人脈圈層，與更多有認知、有能力的人交往，一定是透過你們經歷的事來決定最後的關係。

■人最該學會的，是如何與有資源的人打交道

六條規矩：

1 穿著要整潔，做事要得體：
平時穿著乾淨、整潔，是對維持人際關係最基本的要求。

2 學會支付自己：
支付自己，就是要能在對方面前受得了委屈，清楚知道自己的目標是什麼。

3 不炫耀，不邀功：
所有的默默付出都是在為自己積攢財富、積攢機會。過於表現自己，反而會讓你的付出大打折扣。

4 有禮貌，有分寸：
所謂「做事先做人，做人先知禮」，就是人際交往中最關鍵的因素之一。

5 多塑造經典時刻：
透過跟貴人交往的過程中做出來的一些很漂亮、很拿得出手的事，可以讓對方看到你的辦事能力，看到你表現出來的格局、氣質等。

6 努力做到宿主絕殺：
與對方形成相互依賴的關係，你的貴人一定不會放棄你，並且願意帶著你進入更好的人脈圈層。

10 人際比能力更重要

美國社會學家格蘭諾維特（Mark Granovetter）提出，人際關係可以分為強連結和弱連結。其中，強連結是指個人的社會網路同質性較強，人與人之間關係緊密，有很強的情感因素維繫；弱連結是指個人的社會網路異質性較強，但人與人之間的關係並不緊密，也沒有太多的情感維繫。

除了以上兩種外，我還總結了一種人際關係，我給它取個名字叫「冷關係」。意思是，你的人際關係處於沉睡狀態，幾乎不與你產生關聯了。

在你的人際關係中，如果強連結最多，那麼你一定是很厲害的人；如果弱連結最多，那麼你只能算是一般人；如果你的冷關係最多，平時很少有有效的人際關係往來，那麼你就是一個非常普通的人了。

在生活和工作中，**人際關係非常重要，甚至可以超過你的能力所起的作用**。國際斯坦福研究所（SRI International）有一項研究顯示，在一個人成功的因素當中，人際關係占八八%，知識占一二%。可想而知人際關係有多重要。

我一直認為，人際關係就像穀倉，不想餓肚子，平時要積極的補充穀倉，讓裡面有米、有麵、有肉、有油，這樣用的時候，才能隨時從裡面取出需要的東西。

換句話說，我們要讓自己的穀倉裡面有各種各樣的人，隨時隨能提供幫助。有些人的穀倉只有家人，比如父母、妻小、兄弟姐妹，除此之外沒幾個朋友。我告訴你，在必要的情況下，你的穀倉很難提供太大的幫助。

一個人的最佳能力是什麼？是能融入不同的圈子。但絕大部分人生活在一個小圈子裡，一年中經常聯絡的可能也就二、三十個人；只有少部分人生活在大圈子中，每年可能要聯絡一、兩百人。如果你的圈子太小，平時接觸的高認知的人太少，那麼你的見識、認知等都很難有提高的機會。

有一句話叫「選擇大於努力」。也就是說，你目前的狀況、取得的成就，大都是你選擇的結果。如果你現在生活窘迫，甚至陷入困境，便是你的選擇造成的，且還不能靠努力來改變。即使你付出很多努力，很可能只是在錯誤的路上越走越遠。這也提醒大家，在生活和工作中，應多**學習如何做選擇，而不是學習怎樣努力**。

在人際關係方面，我們同樣要學會做選擇，這樣才有可能建立更多的強連結。比如，你要請一個朋友吃飯，而朋友毫不顧忌的帶另一個人過來跟你一起吃飯，這時你會怎麼做？

有的人可能會非常堅決的拒絕，不希望朋友再帶其他人來，這說明你的人際關係比較封閉；有人則會抱著非常開放的態度，歡迎自己的朋友帶著其他人過來一起吃飯，並希望朋友能介紹他的朋友給自己認識，這表示你在人際關係方面很積極，你的人脈圈也會非常廣，穀倉因此逐漸填滿。

一個人成就的邊界，取決於自己人際關係，而不是自己的努力。舉個例子，假如你是某重點大學的博士生，現在我把你帶到一個生活三千多人的村子，從此你一輩子都生活在這裡，接觸的人也只有這個村子裡的村民；同時，我把一名大學畢業生放在一個有三千萬人口的大城市中。你覺得，你與這名大學生誰更有可能做出一番成績？

如果沒意外，我相信這位大學生比博士生更可能出人頭地。因為博士生在村子裡接觸的人群非常有限，人際關係非常狹窄，在這種情況下，就算你有滿腹學識，也可能無處施展。

相反的，大學生身處大城市，有更多機會建立人際網，只要他不是特別封閉的人，就能接觸到更多有高認知、高學識和廣泛人脈的人，由此獲得成功機會。

所以，如果我們把自己當作商品，一定要把自己放到大市場裡，讓自己在這個大市場中找到自己對應的位置和角色。

在這一點上，我非常佩服著名藝術家畢卡索（Pablo Picasso）。畢卡索十九歲時孤身一人闖蕩巴黎藝術圈，但他的畫當時一幅也賣不出去。眼看就要流落街頭時，畢卡索靈機一動，找來一群大學生，每天到市場上規模較大的畫店裡，急切的問老闆：「請問這裡有畢卡索的畫作嗎？」老闆根本不知道畢卡索是誰，那些大學生就故作驚訝：「你連畢卡索都不知道？」便假裝無奈的搖搖頭，轉身離開。

後來，越來越多的人都在打聽哪裡能買到畢卡索的畫，大家也都想見一見畢卡索本人，看看他到底是何方神聖。畢卡索感覺時機成熟了，才帶著自己的作品參加畫展，結果他的畫被各大畫商一搶而空，溢價好幾十倍。

相比之下，梵谷（Vincent van Gogh）的日子就沒那麼好過了。他一生貧困潦倒，一輩子只賣出一幅畫，還是他弟弟幫忙推銷才賣掉的。而他的觀念就是「等人發現我這個天才」。

我希望大家多學畢卡索，別學梵谷。我們既然生活在人群中，就要理並建立解人際關係。人際是一個人生存和生活的基本盤，沒有這個基本盤，你做什麼都沒人理解你、幫你，甚至都沒有人願意用你。如果你的基本盤越來越多，就相當於你有了巨大的流量，你的穀倉越來越滿，你會被更多人接受、認可和喜歡，因此獲得更多的上升機會。

如果你的人際圈子很小，那麼你只能被動的做選擇；如果你的人際圈子夠大，你就擁有了更多的主動選擇權。很多人經常說，自己做事連選擇的權利都沒有。其原因在於你沒有把更多的選項放入自己的穀倉中，可選項太少，或者根本沒有東西，你又怎麼可能擁有選擇的權利？

■成功因素中，人際關係占 88%，知識占 12%

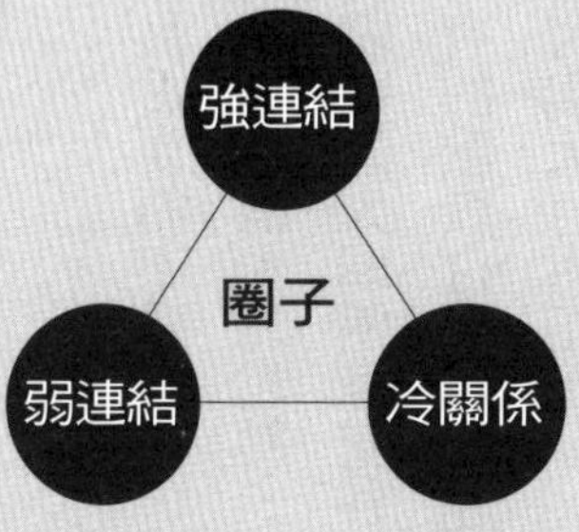

你的強連結最多，你一定是很厲害的人；如果你的弱連結最多，你只能算一般人；若你的冷關係最多，平時很少有有效的人際關係往來，你就是非常普通的人。

人際關係就像一個穀倉：

- 如果你能填滿自己的穀倉，沒有糧食時就可以隨時進去取；相反，如果你的穀倉是空的，遇到困難你就只能「餓肚子」。
- 一個人的最佳能力，是能融入不同的圈子。
- 一個人成就的邊界，取決於自己人際關係網的邊界，而不是自己努力的邊界。
- 如果你的人際圈子很小，那麼你只能被動的做選擇；如果你的人際圈子足夠大，你就擁有了更多的主動選擇權。

重點整理

1. 合作最重要的不是做事，而是做人。
2. 智商決定一個人的起點，而情商決定一個人能走得多遠。
3. 真正聰明的人即使身處谷底，也會放棄第一個機會，而選擇獲得一個團隊。
4. 你所有的默默付出都是在為自己積攢財富和機會。過於表現自己，反而會讓你的付出大打折扣。
5. 人際關係非常重要，甚至可以超過你的能力所起的作用。
6. 在生活和工作中，應多學習如何做選擇，而不是學習怎樣努力。

第三章

當進化人，
不做固化人

1 遇到段位比你高的人時

真正厲害的人，不是實力強，而是擁有進化思維。

我們身邊存在兩種人：固化人和進化人。他們最大的區別，在於前者的大腦是固定的，對新鮮事物的理解建立在自己原有的認知基礎上，習慣用過去的經驗來解決問題，很少關注外界事物和環境變化。他們最不能讓人接受的，就是他們經常過度的自我防衛。

在心理學上，自我防衛也叫習慣性防衛，是指在接觸與自己認知不同的新事物或遇到別人質疑時，下意識的逃避或反駁。這類人混得不好或經歷低谷時，會變得非常沒自信、自我懷疑，甚至會產生自卑心理。他們只要一張開嘴就在為自己辯解：認為自己沒有錯，試圖掩飾自己的過失；總說自己在某件事上付出多大的努力，而不會關注結果怎麼樣；辯解這件事的責任不在自己，而是別人……他們一直試圖用這種方法證明自己，而不是表達一個事實。

我經常遇到這樣的人，如果我對他說：「在這件事上，你做得不是很好。」他立刻回道：「我為了完成這件事，三天沒睡覺，每天不停的思考這件事，我還找了十幾個人幫忙……。」這類人的思維模式中有一些固化的東西，只要發現別人說的跟自己想的不同，或覺得別人說得不對，便馬上反駁，試圖說服別人接受自己的觀點或解釋。殊不知，他每一次反駁解釋，就給自己加上一個自我保護的「外殼」。久而久之，他的「外殼」越來越厚，也越來越難接受新的事物。

其實在我看來，這些辯解都屬於無效溝通，因為這完全不能解決當前的問題。若你面對自己的老闆或段位比你高的人，你一解釋，對方就知道你的問題出在哪裡。老闆之所以能當老闆，高手之所以成為高手，就是因為他們能看到普通人看不到的東西。你的一個眼神、一句話、一個動作，對方就能洞悉你是什麼樣的人，也知道你背後隱藏什麼。

面對段位比你高的人，真誠是你唯一需要做的事，不需要解釋。你只要直接、誠實的表達自身觀點就可以了。別為了推卸責任而開口，也不要為了掩飾自己的錯誤而解釋，更不要為了維護自己的面子而表達，用最接近真相的方式敘述。否則，你永遠無法成長。

如果你不想成為固化人，而是當一個優秀的人，要勇敢的放棄辯解，用真誠的態度面對自己、他人。當然，這是很難的事，我也曾陷入這個困境。當時的我很貧窮、自尊心很強、愛面子，要我放棄解釋，等於讓我放棄自尊和面子，對我而言，那是非常讓人難受的事。但我最終戰勝了自己，擺脫固化人思維。

後來我發現，當我**不再為了面子、自尊，對問題、錯誤等做過多辯解時，我看到的世界、格局和認知，都大大的提升**。

這就是進化人思維。你會對外界事物充滿好奇、產生探索欲望，同時你會更有同理心，對一切事物、知識都保持開放和相容的態度，並相信世上永遠會有另一種解釋、另一個樣子，任何事物都可能存在黑天鵝現象（按：指極不可能發生實際上卻發生的事件）。

在與人打交道時，你可以運用這種方法來觀察身邊的人。如果一個人直接反對或否定一個新事物、新觀點，或面對錯誤時直接為自己辯解，那麼他大概屬於固化人思維；反之，如果某人歡迎、認同或接對新事物、新觀點，或犯錯後積極從自己身上尋找出錯的原因，尋求解決方法，那麼他就有進化人思維。跟有進化人思維的人打交道，你們彼此都可以獲得進步和成長。

聰明人會在別人的否定中不斷成長，而愚者則是不斷裝備自己。

如果你發現自己有一些固化人思維且想盡快擺脫，就不要太在意所有人的想法。因為人的一生，不可能每個人都理解自己，你也不可能永遠正確。如果你能讓每個人都理解你，或把每件事都做正確，那你就不是人，而是神仙。

這個世界沒有絕對正確和絕對錯誤的事，只要你看透這些事，就會發現，這個世界上所有的事都是好事，能促使你不斷成長、進步、提升認知。我們沒必要在所有事情上面都追求正確無誤，或獲得別人的理解和認同，我們只需要追求自己不斷成長就可以了。

把希望放在別人身上，你會選擇等待，尋求認同；把希望放在自己身上，你就會選擇奔跑，選擇提升認知，選擇看更大的世界。

■ 真正厲害的人，不是實力強，而是擁有進化思維

成為進化人：

- 面對段位比你高的人，真誠是你唯一需要做的事，而且不需要解釋。
- 當你擁有了進化人思維，你就會對外界事物充滿好奇心和探索欲望，同時你也會更有同理心，對一切事物、一切知識都保持開放和相容的態度，並且相信這個世界上永遠會有另外一種解釋、另外一個樣子，任何事物都可能存在「黑天鵝」現象。
- 聰明的人會在別人的否定當中不斷獲得成長，而愚鈍的人會在別人的否定當中不斷裝備自己。

2 時間管理就是聚焦

現代有些人動不動換跑道，經常把「樹挪死，人挪活」（按：比喻人換環境，處境會變好）掛在嘴邊，好像這樣才顯得自己更適合這個快速發展的時代一樣。

這些話都沒錯，但有個重要前提，就是你不能被短期主義裹挾，甚至被帶入一個凡事追求快感和短期利益，忽視長遠發展與未來契機的誤區，導致做什麼事都淺嘗輒止，不肯付出足夠的時間，也不願意用心深耕。

人通常有兩種思維方式：固定型思維和成長型思維。前者認為個人能力是固定的，無法改變，且看重眼前利益；而後者強調個人的成長與發展，認為能力可以透過努力和學習來提升，且更看重長遠利益。這兩種人最大的區別就是認知不同。

關於固定型思維，有個人非常有代表性，他就是美國網球明星N1約翰·馬克安諾（John Patrick McEnroe, Jr）。馬克安諾當時可謂紅極一時，也獲得過世界冠軍，但他的運動生涯並不長，因為他的脾氣很糟，每次打球都發脾氣。當時的比賽中，網球場會準備一些木屑，目的是讓運動員吸乾手上的汗。有一次，馬克安諾因為不喜歡那場比賽準備的木屑，所以憤怒的用球拍掀翻了裝滿木屑的容器，大罵他的經紀人：「這個叫木屑？這看上去簡直就像老鼠藥！你不能把事情做好一點嗎？」經紀人只能無奈的重買一罐新鮮的木屑給馬克安諾。

具有固定型思維的人，喜歡把一切責任都推給別人，比如馬克安諾。一旦心情不好或球沒打好，他就責罵身邊的人，認為他們沒有服務好他。輸了比賽後，他又無法接受自己的失敗，甚至一次次強調自己的失敗與自己的能力、天賦不匹配。這種思維方式很容易讓人產生負面情緒和懷疑自己的能力，甚至導致意志消沉、自我否定和自我放棄等問題。

過去的我脾氣也很壞，遇到不順心的事，瞬間就會爆發。我那時甚至認為發脾氣就是我的「工具」，因為我一發脾氣很多道路都暢通了，比如沒人再跟我爭論，很多人不再跟我計較，甚至給我一些利益。

但後來我發現，我幾乎與世隔絕，無法再與身邊的人深度溝通與交流。這種狀態持續了很長時間，直到一件事，讓我徹底改變自己。

那次，我又因為一些小事跟某人發脾氣，沒想到對方脾氣比我還大。我一下就愣住了，腦海中立刻出現一個念頭：這就是我在別人眼中的樣子嗎？無禮、咆哮、沒有邏輯。所以，等對方發完脾氣後，我立刻握住他的手，說：「謝謝你今天給我上了一課。」

就是在那一刻，我完全清醒了，意識到我不能再讓自己深陷於固定型思維，因為這會讓人形成一定的路徑依賴，只要自己遇到問題，立刻就想到用這一路徑去解決，而不會發散性的思考問題。而一旦形成路徑依賴（path dependence，指人們的選擇受到過去的經驗影響，會習慣的照以前的方式行動），你的成長也就隨之停止了，不會成為一個不斷向上、成長、改變的人。

既然固定型思維不利於我們的成長，我們該怎樣跳離，獲得成長型思維？

我的建議是，讓自己成為長期主義者，而非短期主義者。我曾在講課中給短期主義者設定了一個標籤，叫作投機分子，並且我在講課中一直強調一個價值觀：你要不斷提升認知、改造思維，讓自己擁有一個長期的、成長型的思考方式。

說起成長型思維的代表人物，我想起了馬斯克的母親梅伊．馬斯克（Maye Musk）。她十五歲第一次作為模特登臺，嶄露頭角；二十二歲結婚後，慘遭家暴；三十一歲淨身出戶，成為破產的單身母親，生活陷入困境。但她沒對人生妥協，而是輾轉三個國家、九個城市，積極開展事業。與此同時，她還培養包括伊隆．馬斯克在內的三個不同領域的優秀人才。六十歲時，她重返模特舞臺，成為業界「高齡」頂級模特。不僅如此，她還是知名作家、演說家、營養學博士。

梅伊在自傳中寫道：「我多次推翻並重建我的人生。」從她的經歷中可以看出，她是一個目標堅定而明確、有著長期規畫且不斷自我成長的人。

世上很多偉人都是長期主義者，擁有著成長型思維。他們有長遠的目標，並不斷成長，讓自己變強。我們可能無法成為像他們一樣偉大的人，但想過好自己的人生，就必須成為一個具有成長型思維的長期主義者。

我希望大家用以下的方法嘗試。

首先，設定一個長期的個人目標。

有些人在做事時，喜歡跟著感覺走，感覺一來，豪情萬丈，馬上就要開始；感覺一消退，就不知道自己要去的地方是哪裡。感覺會衝破理性，讓你的理性不復存在，自然也無法建立長期的思維。

所以，想獲得成長型的長期思維，就要學會給自己設立一個長遠的目標，再以目標為導向，將大目標分解成一個個可以具體落地的小目標，再透過一步步完成小目標來實現最終的大目標。

其次，學會時間管理。

時間是你人生中最大、最值錢的資本。對每個人來說，它是有限的，也是公平的，所以我們必須學會管理時間，聚焦於最重要的事情。**事情並不是做得越多越成功，而是做得越少、越精練才能取得更大的成功**。成功的人都懂得合理分配時間，設置處理任務的優先順序，透過確定和處理最重要的任務，讓時間效率最大化。只要你把重點放在最重要的事情上，時間就會利用得很有價值。

最後，建立積極的心態，有動力，也要有耐心和毅力。

我以前玩要闖關的遊戲時，有個很不好的毛病，就是一旦輸了，我會非常生氣、氣餒，然後必須從頭再來。這就讓我養成一個不好的習慣：任何遊戲玩不過十次，我就會放棄。

後來我發現，這是因為我沒有建立積極心態面對遊戲。如果連玩遊戲都積極不起來，做其他事又怎麼能積極？也必然無法獲得成長型思維和擁有長期主義。

如果你也有類似問題，我建議你一定要改變，對自己要做的事情保持積極。即使失敗也不氣餒，而是透過反思去尋找原因，總結經驗和教訓，並不斷改進。

耐心和毅力是成長型的長期主義者需要培養的一種處事態度。因為長期的計畫需要花費很長時間才能完成，這需要你對自己的目標堅持不懈，並積極執行。

《戰國策》裡有句話叫「滴水穿石，非一日之功」；《荀子．勸學》提到「積土成山，積水成淵」；《韓非子》有「千里之堤，潰於蟻穴」；《老子》又說「九層之臺，起於累土」……這些至理名言都告訴我們一件事：固定型思維的短期主義是一個誤區，走入成長型思維的長期主義裡，才是最偉大的一種生存方式。

■讓時間增值，事得越做越少

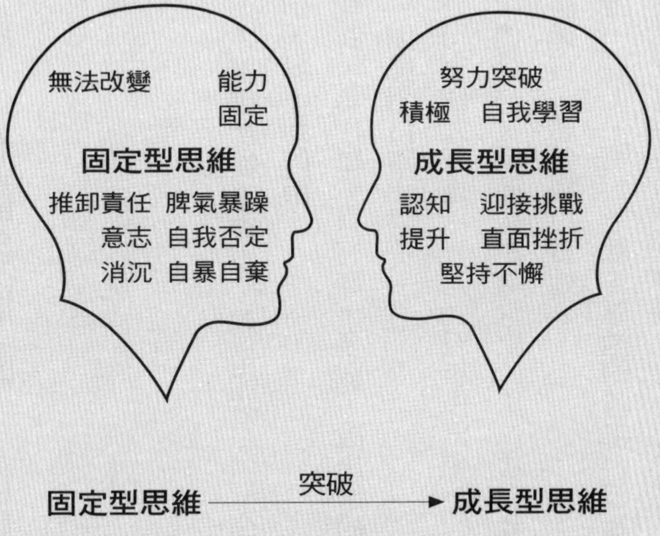

1 設定一個長期的個人目標。把大目標分解成一個個小目標，在生活中不斷的實現它們。

2 學會時間管理。時間是你人生中最大、最值錢的資本。學會管理自己的時間，按照事情輕重緩急的順序，將目標一一落地，才能為完成長期目標奠定基礎。

3 建立積極的心態，有動力，也要有耐心和毅力。

固定型思維的短期主義是一個誤區，走入成長型思維的長期主義裡，才是最偉大的一種生存方式。

3 超齡、在齡與廢齡，你屬於哪種？

什麼人才厲害？簡單來說，就是能看到別人看不到的事，交到別人交不到的人，算到別人算不到的帳。

有人問我，為什麼你只有四十多歲，說出來的話卻像七十歲一樣充滿智慧？我舉個例子，你就明白為什麼了。

我們公司有個九五後（一九九五年後出生）的女孩，我跟她認識時，她只有二十三歲。我們第一次見面是在課堂上，第二次在我家，當時的她初生牛犢不怕虎，直接跟我談融資，希望我投資她。

我思考一晚上，第二天就答應她的請求。因為我當時預判，她將來一定可以有所建樹。而未來我的公司也會發展壯大，我需要這樣的人來公司工作，她的眼光和系統、所能接觸到的九五後圈層，都是我需要和看好的。但當我聯繫這個女孩時，她卻拒絕我，說希望自己做出一些成績後再接受我的投資。

我瞬間對她更加刮目相看了，也改變之前對九五後的看法。以前我總認為九五後的年輕人都泡在酒吧、去夜店、談戀愛，想創業的少之又少，但這個女孩卻滿腦子都在想創業的事。

我在講課時曾提到三個概念，叫**超齡、在齡和廢齡。簡單來說，就是一個人的做事風格是超過他的年齡，還是剛好與他的年齡匹配，或完全不在他的年齡上**。這個女孩的做事風格完全屬於超齡。我現在四十多歲，大家覺得我說的話像是七十歲的人說的，也是因為我的說話風格、做事風格是處於超齡狀態。

我們如何判斷一個人未來能不能成事？

一個簡單的判斷標準，就是看他的做事風格是在在齡、超齡還是廢齡。如果是在齡，那麼他可能當下發展得不錯，但未來難成大事；如果你發現他屬於超齡，那麼你一定要馬上跟他交朋友，因為他未來很可能能成事。但也有一些人，表面看起來很強悍，實際上頭腦簡單，其認知、見識、思維完全達不到自己的年齡狀態，這就是處於廢齡狀態的人。

一般來說，一個人在一個問題上表現出超齡狀態，那麼他在其他事情上往往會表現出超齡的特質；同樣，一個人在某一細微之處表現出廢齡行為，他在其他大部分情況下，也會表現出廢齡狀態。

據此，我們能藉由一些細節來判斷一個人是超齡、在齡還是廢齡。運用這種方式與世界相處，我們能省去很多麻煩，為自己布局更好的社交環境。否則，你身邊可能就會聚集很多在齡、廢齡的人，消耗你的時間和你的資源，甚至把你拉下水。

我有一位朋友，生意做得很大，但從前幾年開始，他布局的產業便充滿了投機、暴利、槓杆（按：又稱資金槓桿，會計專有名詞，指舉債投資於高風險的事業或活動），讓我很不解。後來我才知道，是他的助理將他限制在一個很封閉的環境，這個助理不但完全不懂商業知識，還讓他周圍聚集了一群廢齡的人，導致他身邊原來一些很優秀的高階管理層紛紛離職，其直接影響就是他的生意快速下滑。

這就是布局身邊人的重要性。用超齡人布局，自己也會越來越優秀；用在齡人布局，自己可能會止步不前；用廢齡人布局，就只會讓自己變得越來越糟糕。

了解這個規則後，我們就可以仔細盤點自己身邊的資源，進而了解自己當前的發展是好還是廢。如果能從身邊找出超齡的人，那你一定要緊緊跟隨，因為他們是真正厲害的人，能看到別人看不到的事，交到別人交不到的人，算到別人算不到的帳，甚至可以直接影響你，把你也變成超齡人；相反，如果你身邊廢齡的朋友比較多，那麼你可能很快也被寫入廢齡名單了。

很多人只在意自己身邊的事是好是壞、順不順利，但可能從未想過，事情好壞、順利與否，是事情本身的問題，還是人為帶來的。還有人認為，好事是好人帶來的，壞事是壞人帶來的，那你到底應該關心事還是關心人？

我曾跟幾個對我很有影響的貴人接觸，他們彼此認識，休閒時經常聚在一起喝茶、打牌，他們都會找我過去。但我跟他們來往時，只會聊天，很少參與他們的活動，尤其是打牌，我只在一邊觀看。即便三缺一，我也不會參與。

我為什麼這樣做？因為他們都是我的貴人，如果我參與他們的活動，到底是該贏還是該輸？如果我贏了，他們一定不開心，我也過意不去，那我就只能輸，可是一直輸又顯得很假。

即使中間有人暫時離開，比如上廁所、接電話等，我替他們玩一會兒，萬一他回來後手氣不如之前了，心裡會不會怪我破壞他的手氣？

為了避免這些麻煩，我乾脆做旁觀者。拒絕是這個世界上最簡單的事，可以使我不跟他們中的任何一個人結下梁子。

同時，在他們玩遊戲或打牌時，不管誰輸了，我都不會挖苦對方，而是找出對方曾打得精彩的瞬間並肯定。比如：「雖然你今天輸了，但有幾把玩得真棒，簡直就是教科書等級！」一輸掉遊戲的人聽了這樣的話，心裡欣喜。在這種情況下，不管是贏家輸家都很開心，也願意繼續跟你保持關係。

所以，在很多情況下，其實是人決定了事情的走向。這也提醒我們：要讓別人喜歡你，你就要把自己從烏雲變成彩虹，並且要有自燃的本領。這樣的你，身邊才會聚集越來越多超齡的、優秀的人，事情也會變得越來越順利。

■ 用超齡人來布局，自己才會越來越優秀

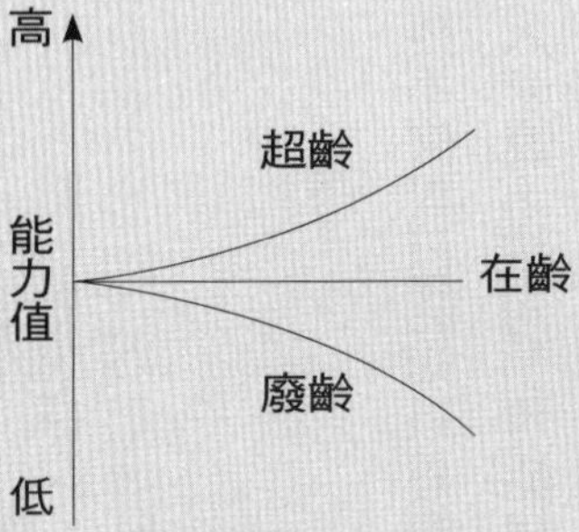

一個人的做事風格是超過他的年齡，還是剛好與年齡匹配，抑或是完全不在年齡上。

- 能看到別人看不到的事、交到別人交不到的人，算到別人算不到的帳，這就是厲害的人。
- 用超齡人布局，自己也會變得越來越優秀；用在齡人布局，自己也可能會止步不前；而用廢齡人布局，那就只會讓自己變得越來越糟糕了。
- 要讓別人喜歡你，你就要把自己從烏雲變成彩虹，且要有自燃的本領。這樣的你，身邊才會聚集越來越多超齡的、優秀的人，事情也會變得越來越順利。

4 認知分六層，你在哪一層？

人永遠掙不到自己認知以外的錢。

對有些人來說，這句話可能是激勵，但對更多的人來說，它卻成為承認自己失敗的理由。因為當他們失敗、沒辦法戰勝困境或迎接挑戰時，這句話會讓他們坦然的認為：「我永遠戰勝不了那些失敗，我也掙不到自己認知以外的錢，因為我的認知達不到那個層次。」

人真的沒辦法提升認知嗎？

並非如此。你感覺自己的認知不夠、不能解決難題，其實是因為你不敢面對恐懼——對人、環境、變化、未知等的恐懼，更不敢戰勝這些恐懼。簡而言之，你不敢讓自己展現在這個世界裡。

絕大多數人的認知都存在於三種模式之中：

1. 積極模式，做什麼事都能保持熱情、積極。
2. 消極模式，比如一邊學習，一邊看電視，兩邊都不專心。
3. 地獄模式，這是最糟糕的，它會讓人每天做什麼都看不到希望，也沒有信心，睜開眼睛看到的就是絕望。

處於積極模式中的人，只要繼續保持，未來有所成就。但若你的認知屬於後兩種，我希望你能盡快有所改變和突破。其方法就是勇敢的打破自己過去的思維模式，不斷升級認知，從更高的認知層面看待並解決問題。

有人會問：「可是該怎麼升級？」

認知升級其實是一個底層技術，是有路徑和工具可以實現的。

一般來說，人的認知可以分為六個層次，依序如下：

1. 環境層面：覺得世界上所有事情都是由環境造成的，自己沒辦法改變，只能保持現狀。其結果就是，世界越變越好，自己卻越變越懶。
2. 行動層面：期待能透過努力、勤奮等來提升認知，但這個方法並不可行。
3. 能力層面：藉由方法、工具、技術等提升認知。但如果你不了解這個世界真實的樣子，只關注別人的觀點、乾貨、方法，只想從中找到對自己有用的路徑，你會發現，你越是找方法，越找不到有效的方法，最後甚至限於各種方法論中無法自拔。
4. 信念層面：大家應該都聽過一句話，叫「因為相信，所以看見」，這句話可以這樣理解：大部分的人因為看見了才相信，有的人即使看見了也不信，但認知高的人會因為相信而看見。比如，相信自己可以變得越來越好，就真的能看見自己變好。
5. 身分層面：你是什麼身分的人，你未來就能做出什麼樣的事。比如有些人，即使自己生活很貧困、窘迫，也堅持做慈善。新聞報導中有時能看到，有人一輩子拾荒，卻資助了幾百個大學生讀書。是什麼驅使他們這樣做？就是他們的身分。他們認為自己對社會有價值，應該有所貢獻，這種身分認知便促使他們做出很多好事。

6. 精神層面：也是最高的認知層次。處於這一認知層面的人，相信世界會因為自己而不同，為此也可以做出一些改變世界的事。

了解這六個認知層次，你會發現，以環境為認知的人基本都窮，以行動為認知的人都累，以能力為認知的人都忙，以信念為認知的人都很喜悅，以身分為認知的人都會喜悅 — 接受，以精神為認知的人都非常穩定。

對標我們身邊的人甚至自己，你會發現，處於環境層面的人，經常拒絕任何觀點，認為自己不管怎樣都沒辦法改變現狀；處於行動層面的人，則積極採取行動，試圖改變現狀；處於能力層面的人，會積極尋求方法、尋找各種乾貨；處於信念層面的人，先接受外界新知，然後修正自身行為，開始前行；處於身分層面的人，感謝別人對他的指點，並繼續保持自己的路徑；而處於精神層面的人，不但接受其他觀點，還會跟別人一起探討，甚至最後跟你說：「我們一起來改變世界吧！」

對於處於認知層次較低的人來說，哪怕他們學會世界上所有的知識、邏輯、模型，也難以提升認知。因為試圖從外部尋找提升認知的方法是不可行的，除非他們能對抗，戰勝自己對外界的恐懼，願意從自身做出改變和突破。在聽到或看到與自己的觀點、想法不一致的事情時，不再急著否定，而是嘗試傾聽別人的想法。否則，不接受任何外部信號，不採納別人的觀點，不把外部的東西變成自己思考的一部分，其認知就永遠停留在自我階段。

這就提醒我們，想提升認知，就要學會放下固執。我在這裡送給大家兩個字：臣服。很多人可能不理解，為什麼要臣服？這個詞聽起來很懦弱！該詞的本義是古代臣子尊敬和服從君王，還有屈服、接受統治之意。但這裡說的，並不是指它的本義，而解釋為「不對抗」。

簡單來說，就是要放下內心的對抗，和他人站在一起觀看世界、思考問題。它就相當於你在自己的後院挖一個池塘，或者是種一棵梧桐樹。你建好了池塘，才會有水流進來；你種好梧桐樹，才會有鳳凰飛上來。見識的世界越大，接受的觀點越多，認知才會不斷升級。

當然，無論你身處哪個認知層次，想真正提升認知，還必須行動。

首先，你要建立人生目標，弄清楚自己的人生價值到底是什麼，這能讓你擁有精神層面的認知。

其次，確定自己未來將成為什麼樣的人，並為之努力，這是讓你擁有身分層面的認知。

最後，做出某個決定後就要堅持，持續重複，這能讓你建立信念層面的認知。

能在以上三個認知層面上行動，你一定會突破認知思維，不斷升級。而那些無法提升認知的人，往往是一些很博學的人，他們可能一年學習了幾百種方法、上萬個道理，但就是不實踐，或者嘗試一下就放手。這是永遠得不到結果的，也會永遠局限在自己的認知當中。

■ 認知分六層，你在哪一層？

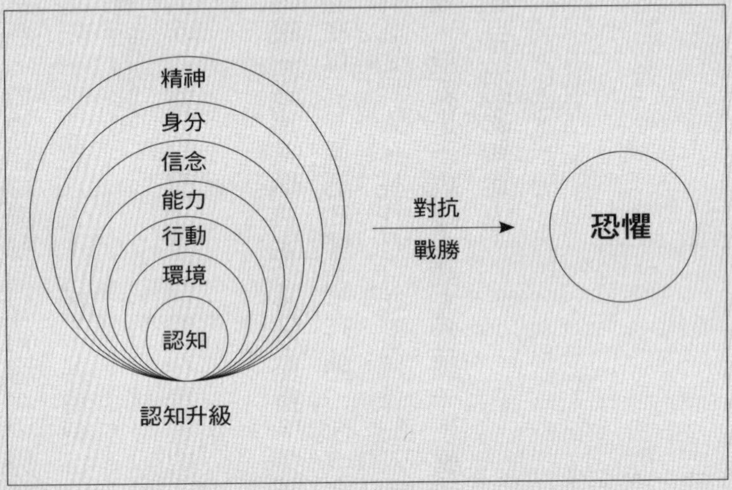

認知層次 ——→ 認知提升 ——→ 行動

首先，你要建立人生目標，弄清楚自己的人生價值到底是什麼，這是讓你擁有精神層面的認知。

其次，確定未來將成為什麼樣的人，並為之努力，這能讓你擁有身分層面的認知。

最後，做出某個決定後就要堅持，持續並重複，以建立信念層面的認知。

放下自己的固執，和他人站在一起觀看世界、思考問題。

5 碰到問題，不是馬上找方法

突破與改變是因遭遇痛苦。痛苦會使人產生信念，信念會推著你突破和改變。中國人講求「大徹大悟」，意思是透過一件事徹底的醒悟或領悟。它意味著一個人在獲得終極感受後，才能真正的明白一些道理。但如果每個人都等到大徹大悟才想突破和改變，很可能早已錯失最好的機會。真正有益於你突破和改變的機會，應該是被人輕輕一點就醒悟，並且還能促使你做出有效的行動。

我們要怎麼找到這個點，並實現有效突破？我給大家提供三個工具：狀態、故事和策略。

幾乎所有人在遇到問題或困難時，第一步都是找策略、找模型、找解決方法，試圖藉此找到有效方法馬上解決問題。當然，你找到的很多方法、策略可能是對的，但有一個關鍵問題：這個方法或策略你根本堅持不下去。

在這個世界上，那個根本的辦法和道理可能用一頁紙就可以寫完，但為什麼仍解決不了我們面對的各種問題和痛點？比如，很多肥胖者最大的痛點就是胖，市面上也為這類人提供各種策略，像是減肥產品、運動、節食、戒除垃圾食品等，甚至當事人也知道該怎麼減肥，為何大部分人減不了肥？

原因在於，有些指令對我們的大腦和身體不管用，比如我讓你現在不要想「粉紅色的大象」，你會發現，你越不想思考這個問題，你的大腦中就越是不停的想這個問題；我告訴你不要吃垃圾食品，當你看到那些能讓你吃起來很過癮的零食，仍會不受控的拿起來吃下去。這就像電影《後會無期》中的臺詞：「儘管一生知道了很多道理，可依然過不好這一生。兩者是一樣的道理。」

人到底要怎樣才能做到改變和突破？

我用自己的經歷來回答這個問題：我以前很常熬夜，經常到凌晨都還沒睡，但後來我感受到身體因熬夜而變差，於是我決定戒掉這個習慣，堅持早睡早起。

剛開始，我每天凌晨四點半起床，在微博上記錄，後來覺得這種方法太單調，我便改變策略。我開始研究蘋果公司首席執行官提姆．庫克（Tim Cook）。他在賈伯斯去世後接任蘋果公司，不管是管理公司、負責研發產品抑或是市場行銷，我都覺得他非常厲害。所以我開始凌晨四點半起床讀關於提姆．庫克的書，研究他的各種生活習慣、經營策略，並在其中代入自己的經歷和故事。堅持一段時間後，我發現我的狀態越來越好，根本不需要任何外在動力驅使，我每天都可以按時起床、按時睡覺了。

我想用這份經歷告訴你的是：**在解決一個難題時，身體狀態和你接觸的各種故事，往往比你獲得的具體策略更重要**。

我以前在做電話銷售時，我的培訓老師提供一個方法：在自己的辦公桌上放一面鏡子，每次給客戶打電話時，都看著鏡子中的自己。我當時覺得很奇怪，打電話做銷售，跟客戶聊天就結束了，放鏡子幹什麼？

後來我發現，這面鏡子對我來說太重要了。因為在給客戶打電話時，只要我看到鏡中的自己，便不由自主的讓自己笑起來。雖然隔著電話線與客戶溝通，但客戶其實是可以感知到你是微笑還是嚴肅、是耐心還是不耐煩。而鏡子的作用，就是讓你在跟客戶溝通時保持最好的狀態，並把這種狀態透過語言、語氣等傳遞給客戶。這就是利用行為改變和影響狀態。

同樣，當你接觸越來越多的故事後，你不需要任何外力驅使，也願意主動做一些事。因為好的故事可以幫你在大腦中重新構建生活的願景，讓你不自覺的想打破過去的生活模式。當你心中有夠多故事時，想改變的衝動和信念也會越強烈，於是你真的產生動力去突破。

換句話說，**真正讓你做出改變的，從來不是什麼方法**、策略或各種模型工具，**而是你的狀態和內心的信念**。從身體上調整好狀態，再用故事加深你內心信念的堅固程度，最後再找具體策略。

遺憾的是，生活中的大部分人，甚至包括以前的我，一旦遇到問題，第一時間都是去找策略、方法。找到後就馬上驗證，第一次驗證失敗，就再來第二次、第三次……幾次後，乾脆放棄，什麼都改變不了。

也有人會先找故事，比如某個行業中誰最厲害、誰做得好，用他們的故事激勵自己，讓自己更有幹勁。然後找策略和方法，找到後驗證。結果發現：成功的可能性也很低。於是再找故事、策略……反覆幾次，總也不能令自己滿意。

這就是把狀態、故事和策略三者的順序弄顛倒了。

有個詞叫「哲學回暖」，意思是人們開始走進哲學，透過學習哲學說明自己找到正確的狀態，然後找策略，以解決難題。

事實上，哲學不可能提供解決問題的具體方法，但它會讓我們知道，人是一個豐富、全面、複雜的存在，不能只用具體解方、策略和工具來解決問題，而是必須先解決身體、心靈和信念的問題，再用故事持續為自己做心理建設。當你內心被故事填滿之後，你才能產生改變的衝動，進而使那些具體的策略與方法真正發揮效用。這才是我們做事的正確途徑。

當你的狀態對了，內心故事對了，你才可能擁有使用策略的信念和態度。這時，世上的策略與方法便能幫你實現真正的改變與突破。

■ 用狀態、故事和策略實現自我突破

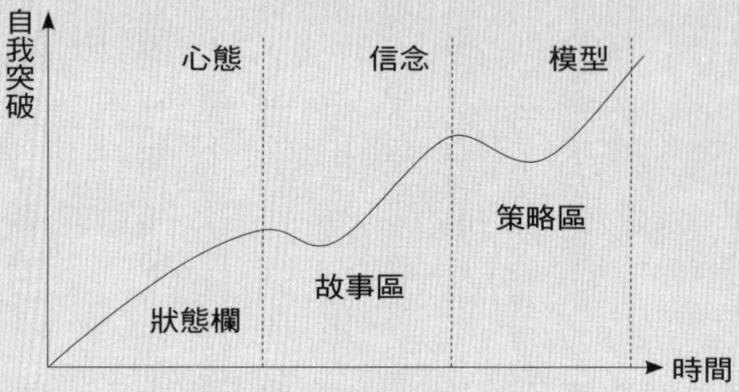

突破和改變：

- 在解決難題時，身體狀態和各種故事，往往比你獲得的具體策略更重要。
- 真正能讓你做出改變的，從來不是方法、策略或各種模型工具，而是狀態和內心信念。從身體調整好你的狀態，再用故事加深內心信念的堅固程度，最後找到具體策略。
- 當你的狀態對了，內心故事對了，你才可能擁有使用策略的信念和態度。這時，世上的策略與方法便幫你實現真正的改變與突破。

6 出來混，什麼最重要？

一個人是主動成長還是被動成長得更快？

要弄清這個問題，我們需要先弄清楚什麼是主動成長，什麼是被動成長。

顧名思義，主動成長就是主動努力，學習各種知識、方法、技能等，並希望這些方式能提升自己的認知、能力。相較之下，被動成長就是生活在某個特定的環境中，每天耳濡目染、被動接收資訊、知識等，不知不覺提升自身的能力和認知。

這就像生活在普通家庭的孩子與生活在很富有家庭的孩子，所形成的對比。前者想獲得成長，提升能力，必須不斷的努力和學習，才能逐漸提升認知、技能、眼界。而後者平時就能很自然的接觸各種知識、資訊，只要保持正常的生活狀態，便能拓展知識量、資訊量、認知水準、眼界、格局等。

現在，你知道哪種方式更容易獲得結果了。

很多人都不知道什麼才算成長，認為自己只要努力學習，就可以獲得突破，實現轉型。努力學習固然沒錯，但如果你每天花幾個小時學習，其餘時間都處於一個完全沒有學習氛圍的環境中，其實很難快速成長。

「近朱者赤，近墨者黑」，就是指客觀環境可以對人產生很大的影響。所以，如果你只把成長寄託於學習、聽課、看書等，根本看不到效果。就像一個人想戒菸，可是每天跟菸民相處，受他們的影響，他怎麼可能順利戒掉菸？**真正的成長藏在日常生活中**，耳濡目染的學習最有效。但如今大部分人都是「挑選」學習，聽到別人說哪些知識有用，就學一些，感覺沒用的，就不接觸。這是非常糟糕的。

史丹佛大學有一個實驗室，叫行為設計實驗室，其研究人員設計一種模型，專門研究如何操控人們的思想和行動。

比如，現在很多人喜歡刷短影片，還會在影片下面按讚，但你可能不知道，你每點一個讚，平臺就會根據你的喜好，推薦更多同類型內容。慢慢的，你對那些短影片上癮，覺得每一支內容都很好，都能說到心坎上。其實，這時你已被控制了。

最後，你只接受和喜歡感興趣的內容，成為思維固化、封閉的人。

要改變這些狀況，不被外界資訊強化，學習時，就不能只學感興趣的東西。

朋友曾問我：「出來混，什麼最重要？」有人覺得是知識，有人覺得是義氣，有人覺得是情商……這些回答都沒錯。但首先你得先「出來」才行，否則說「混」完全沒有意義。同理，在你學習各種知識、技能時，也要走出去，讓這些知識和技能有更多發揮的空間，同時讓自己在這個過程中接觸到更多沒學過、沒聽過、沒想過的知識和事物，不斷拓展思維和認知。

我每年都要出行多次，有一些是有明確目的，比如談業務、簽合約、收款等，但大部分都沒有目的，例如拜訪、跟朋友見面等。這些沒明確目的的出行，反而讓我的認知和思維成長得更快。

如果你所有出行、聯絡、拜訪都帶有目的，我覺得你很難有所成就。有句話是「人無外財不富，馬無夜草不肥」，所有的「外財」都不是靠明確目的攢出來，反而是靠那些無目的的交往、溝通，或者在這期間做的一些事情後獲得的。不論是誰都不可能有那麼強的能力和實力，每次都能找準賺錢目標，而是經過一次次的往來、嘗試慢慢才發現的。

真正塑造我們的，不是具體的學習。學習只是輔助。真正塑造我們的，恰恰是許多人以為不用學習的東西，比如環境、交往的人等，在潛移默化中塑造了我們。

大多數人都認為主動學習是改變自己命運的唯一路徑，而事實上，**被動學習才是真正讓你獲得改變的唯一通道**。你最開始的發心（按：佛教術語，指內心萌生一種意願、欲求、目標）是讓自己變得越來越優秀、厲害，所以你會主動學習，藉此提升認知和能力，但你會慢慢發現，主動成長只會讓你越努力越艱難。明明學習時很用心，也有一些自己的想法和感觸，可一旦離開學習環境，你發現自己幾乎又回到了原點，這是非常糟糕的。

想要真正的改變，就要學會走出去，走到能改變你的環境裡，接觸更多擁有較高認知和開放性思維的人，讓那個環境、那些人在不知不覺中塑造你、成就你。從表面上看，你只是在被動接受，但恰恰是這種自然而簡單的方式，更容易對一個人產生最深刻的影響，就像唐代思想家韓愈說的：「耳濡目染，不學以能。」你聽多了，看多了，就會受到影響，不用刻意學習也能做得到。

■被動成長使人成長得更快

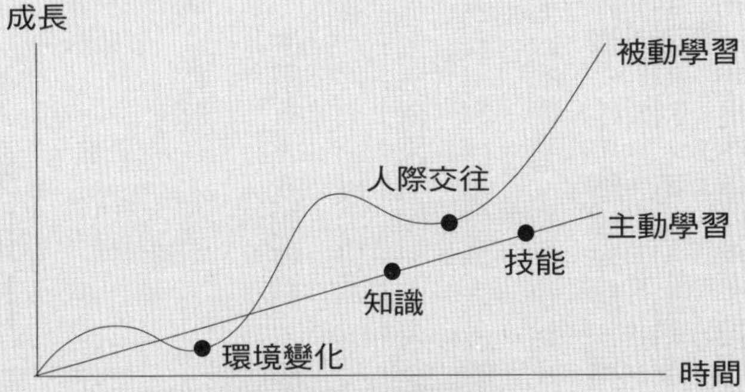

耳濡目染，不學以能。

真正的成長：

- 真正的成長藏在日常生活中，耳濡目染的學習最有效。
- 真正塑造我們的，不是具體學習，學習只是一種輔助。真正塑造我們的，恰恰是許多人以為不用學習的東西，比如環境、交往的人等，在潛移默化中塑造了我們。
- 想要改變，就要學會走出去，走到能改變你的環境裡，接觸更多擁有較高認知和開放性思維的人，讓那個環境、那些人在不知不覺中塑造你、成就你。

7 投入足夠時間，你就能獲得更多時間

人在一生所有成就和獲利，都來自於在一件事情上沒有刻意的節省時間。

當你在一件事上投入足夠的時間，你才能用更少的時間，撬動更多的時間。

不論在生活還是工作上，大多數人為了節省時間，而習慣吃速食、讀書喜歡聽別人總結概要、出行希望乘坐最便捷的交通工具、做事希望可以馬上見效等。

但你有沒有想過，有時恰恰正因我們太想要省時，反而浪費了時間。比如，我們要徹底弄清一件事情或深耕一項技能時，如果總想要迅速學習，很可能只弄懂了皮毛，後期運用時（可能因出錯或不熟練）反而會浪費更多時間。

相反的，如果在這件事或技能投入足夠的時刻，你才更容易看清事情的本質，掌握技能的核心，甚至因此讓更多人了解和關注你。就像那些偉大的科學發明、藝

術作品一樣，幾乎都是在積累歲月之下拿到的結果。

所以，如果你不想做庸庸碌碌的普通人，而是想獲得一些成就，就不要在你想獲得成就的事上節省時間，而要用最笨的方法刻意練習，你才能有更大的收穫。

這點不難理解，你在一件事上投入大量的時間研究和完成，與你潦草、匆忙的完成一件事，結果是不一樣的。

舉個例子，你開一家餐廳，如果你願意花費大量時間研究各種菜的作法，甚至一道菜炒上千次，花上千、上萬個小時，那麼很少人能在這些菜上超越你。因為你在這些菜上積累的經驗，可以勝過世界上很多炒菜的人，你甚至可以憑藉其中幾道菜，打造出這個地方味道最好的餐館。反之，若每次炒菜你都敷衍了事，想著快點結束，省時間做其他事，那麼你的餐廳很快就會被人遺忘。因為炒菜對你而言意味著浪費時間，對別人來說就更沒意義，顧客大不了換口味更好的餐廳用餐。

當你不再節省時間做事，在一件事上認真的付出和投入，從表面上看，你沒能把時間省下來，但實際上，這個槓杆會讓更多人花時間，使用你耗時所創造出來的成果。在這個過程中，你會被很多人了解、談論、記住，甚至獲得很好的口碑。

我家有很多書，有的我看一遍就不想看了，有的我翻翻目錄、看看開頭就放下了，但還有一些書我會反覆閱讀，內頁都要翻爛了。若我覺得一本書好看、有價值，我會去關注作者，繼而選購他的其他作品，甚至一部作品買好幾本，書房、床頭和廁所各放一本，隨時隨地翻閱。

雖然這讓我花了不少錢買書，但它也給我帶來了很多好處，比如持續思考、書中提供的好方法會帶給我的靈感。對於作者來說，曾投入大量時間悉心打磨的內容，被讀者閱讀後，相當於用他的寫作時間換走了我的閱讀時間。之後，我還可能透過這本書看他更多的作品，他的作品也可以換走我更多的閱讀時間，提供給我更多的價值。

這時你會發現，你的時間只有作用在別人身上時，才更有意義和價值，因為這可以為你贏得關注及口碑，甚至幫你獲取更多的財富。

我想強調的是，不論你是某個領域內的高手，還是一個普通人，都應該成為使用時間的高手，而非節省時間的高手。

如果你打拚多年，在任何領域都沒做出什麼成績，那麼你得好好反思：自己是否好好花時間打磨手藝、提升技能，還是只想著如何省時間、走捷徑？捷徑有時確實可以幫你省下力氣，但它不一定都是對的路或提升做事效率的梯子，也可能是懸崖峭壁，讓你一著不慎跌入谷底。

世上沒有速成藥，除了投機，任何成功都需要時間去灌溉、沉澱。為了所謂的省時敷衍做事，終究拿不到滿意的結果，不如多花費一些時間，認真的打磨技能，提升認知，比如寫作、培訓、溝通、談判、商業、承受、抗壓等能力。想增強能力和認知，都需要你花費大量時間慢慢練習，每天都做，長期積累。

只要你堅持每天做、認真做，帶著享受的態度，我相信五年、十年後，你會憑藉自身能力和認知收穫滿意的結果。

■ 最有效的利用時間的方式，就是不省時

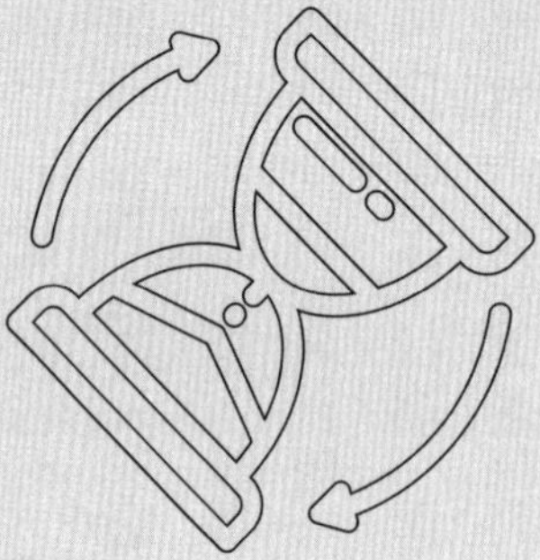

在一生中，你所有成就和獲利，都來自你在一件事情上，沒有刻意的節省時間。

時間的建議：

- 不要在你想要獲得成就的事情上省時間，而要用最笨的方法刻意練習，你才能有更大的收穫。
- 你的時間只有作用在別人身上時，才更有意義和價值，因這可為你贏得關注及口碑，甚至獲取更多的財富。
- 不論你是哪個領域內的專家還是普通人，都應該成為使用時間的高手，而不是節省時間的高手。
- 世上沒有速成藥，除了投機，任何成功都需要時間去灌溉、沉澱。

8 人能窮，但思維不能貧

如果一個人努力了很多年，還是發展平平、賺不到錢，最本質的原因就是你一直都在靠自己，沒獲得別人的幫助。想改變這種現狀，你要做的第一件事就是放下面子，去尋找能給予幫助的人。

我曾在一支短影片提到：一個人很難只靠自己獲得成功，與其自己努力追求成就，不如努力獲取他人的幫助，如此你才可能獲得更多的機會，擺脫自己努力的閉環。在這個邏輯和認知下成長和努力，你才有可能拿到自己想要的結果。

這支短影片發出後兩天，就獲得超過三萬個讚，但有人在留言區中提出不同看法，且獲得很多讚：「為什麼別人要幫你？還不是因為你能帶來利益，別人才會幫你。兜了一圈，這還是要靠自己。」在這則留言下方有很多人回覆，表示支持，大意都是人只有自己先變強，變得對別人有價值，才會有人肯幫你。

我看到這則留言時很氣憤，因為這種思維方式會令人陷入沒人幫助、依靠，沒辦法施展才能，甚至陷入孤苦伶仃的狀態。這會毀掉一個人的一生。

人是群居物種，每個人在這個世界上都不可能單獨存在，更不可能完全靠自己而存在。任何人都必須依靠別人，才能為自己尋找到一個合適的位置，發現和發揮自身價值。

事事都想依靠自己的想法其實是一種思維上的「貧」，也是一種極其局限的思維，沒辦法讓人有所發展。有人可能會問：「你說的『貧』就是指窮吧？思維上的『貧』是指思維認知水準不夠高？」

其實貧和窮是完全不同的概念。窮，通常指物質上的匱乏、不豐盈，它並不可怕，只要你不斷提高認知和思維，總有一天會擺脫窮困；貧，則是思維上的缺乏，是認知貧瘠，這才是真正可怕的。

後來我又錄了一段影片，解釋為什麼別人會幫助我們。說明一個人確實需要理由，但這個理由並不一定是利益，可能是因為熱情、仗義，也可能會因為我們會說話、會溝通，或我們外形好、嗓音好，甚至可能因為看我們順眼，而幫助我們……這些都是理由。若你總是認為別人只會為了利益、為了從我們身上獲得價值，才肯幫助我們，只能說明你的認知和思維都太狹隘了。正因為這種貧瘠想法，才更容易讓一個人陷入窮困之中。

在這個世界上，付出和收穫永遠不成正比，付出永遠要比收穫早。

付出和收穫之間的關係，別放在一個很貧瘠的公式上——「我付出了，所以就應該拿到錢」，這是一種貧困思維，或者叫小時工（做一小時，能賺多少）思維。很多人想：「付出後拿到錢很正常，哪裡錯了？難道你要我白白付出嗎？」

看字面意思，它的確沒錯，但當你把這個問題放入整個人生中，如果你想在未來遇到更多貴人、能給予幫助的人，那麼「**付出就應該拿到錢**」這句話就完全是錯的。因為這是世界上**槓桿收益最低的收入方式，它只讓你獲得了錢，卻沒有讓你趁著年輕，把更好的時間和精力轉化為能力和人脈**。

簡而言之，要真正擺脫貧困，要把時間和精力換成能力和人脈，而不是換錢。

有人會說：「我就是個打工的，只能用時間和精力換錢，還能怎麼辦？」我想問：「你想過用換來的錢請人吃飯嗎？用這些錢維護人際關係嗎？甚至尋找比自己能力強、人脈廣的人幫助你，為你鋪就未來的道路嗎？」如果你能這樣想、這樣做，那麼你現在用時間和精力換來的錢，就可以轉化為自己的能力和人脈，讓這些錢為你創造更大的價值，而不只是銀行卡裡的數字。

所以，很多人說自己很窮、需要錢，其實你的窮並不是因為缺錢，而是因為你的眼睛裡只看到錢，這叫貧，不是窮。**窮不是結果，貧卻是結果，而貧又是窮的開始**。缺乏思維和認知構成了你的貧，讓你看不到更好的東西。就像有一些人拆遷戶，分到好幾間房子，拿到一大筆錢，似乎登上人生巔峰，從此開始享受「精彩」的人生。殊不知幾年後，可能連最初拆遷分到的房子都沒了。他們窮嗎？顯然不窮，但腦子和心靈卻貧瘠，最終因此導致自己再次陷入窮困之中。

在人生中，有很多東西會束縛你內心認知，讓人無法改變生活。對很多人來說，貧和窮都是必須解決的問題，但記住：窮是你的題，貧是你的問。把這兩者的關係搞清楚後，再去集中精力解決，你才能擺脫貧困的生活，過得越來越好。

■你可以窮，但不能貧

如果一個人努力多年還是發展平平，賺不到錢，最本質的原因就是你一直都在靠自己，沒有獲得別人的幫助。

窮　　貧

物質匱乏　　思維缺乏

窮不是結果，貧卻是結果，而貧又是窮的開始。

- 與其自己努力追求成功，倒不如努力獲取別人的幫助。有了別人的幫助，你才可能獲得更多的機會，擺脫自己努力的閉環。
- 付出和收穫之間的關係別放在一個很貧瘠的公式上——「我付出了，所以就應該拿到錢」，這是一種貧困思維，或者叫小時工思維。
- 要真正擺脫貧困，一定要把時間和精力換成能力和人脈，而不是換成現金。

有很多東西會束縛你內心的認知，而這些認知會讓你的生活無法改變。

重點整理

1. 當你不再為了面子、自尊，對問題、錯誤等做過多辯解，便能大大提升看到的世界、格局和認知。
2. 事情做得越少、越精練才能取得更大的成功。
3. 真正讓你做出改變的，從來不是什麼方法，而是你的狀態和內心的信念。
4. 被動學習才是真正讓你獲得改變的唯一通道。
5. 投入足夠的時間，你就能獲得更多時間。

第四章

變富、交友、處事的最強法則

1 真正的財富是信用

人們常說：「錢不是萬能的，但沒有錢萬萬不能。」既然錢如此重要，那麼錢到底是什麼，你曾認真思考這個問題嗎？

有些人認為，錢是勞動後應獲得的報酬。這句話聽起來好像沒錯，但如果你持有這樣的思維，那就是我在前文提到的「小時工思維」。因為你覺得自己的賺錢過程就像時薪制一樣，工作一小時，必須馬上拿到一小時的工錢，晚一點都不行。哪怕自己所在的公司遇到困難，暫時付不出工錢，也要想方設法從公司拿回自己的那份利益，公司的死活與己無關。

但還有一類人，他們會審時度勢，看到公司有難處時會想：「要不要和公司共度難關？公司雖然現在沒錢，但未來應該不會太差，如果我把自己掙到的錢投給公司，讓公司運轉起來，是不是對自己、對公司都有利？」

同一個問題，不同思維的人對待錢的理念不同，導致使用錢的邏輯也完全不同。大家都聽過二八定律——二〇%人掌握著八〇%財富，少數人掌握著多數人的財富。為什麼會這樣？難道那八〇%的人不配有錢嗎？

事實上，並不是八〇%人不配有錢，而是八〇%人與二〇%人看待錢的方式和思維不同。

金錢最初出現，是因為人們想要實現等價交換。從這個意義上來說，錢就是一種用於交換的物質，人們可以用錢換到自己需要的東西，這是錢的本質意義。

在現代，很多人把錢視為自己畢生追求，認為金錢就是富有的象徵，為此甚至省吃儉用，把錢存下來。我認同為了傳統美德，或養成斷捨離的習慣而省吃儉用。但假設你省吃儉用是為了省錢、存錢，我會認為這是一種窮人思維。因為錢本身並不是財富，也不值錢，甚至不知道何時會貶值，它只是一種用於交換的工具而已。

有人可能會說：「錢不就是價值的體現嗎？」

我舉個例子來回答這個問題。我們經常會發現這樣一種現象：有些人很容易就能賺到錢，像是明星代言。他們只需要在鏡頭前擺幾個好看的姿勢、拍幾個漂亮的影片，對著鏡頭跟粉絲說幾句話，就能拿到幾百萬元、上千萬元的代言費。相比之下，馬路上的環衛工人每天辛勤工作，一個月工資可能只有幾萬元。難道是因為明星的價值比普通人更大嗎？顯然不是。可見，錢並不是價值的體現。

錢是一種用於交換的工具，在交換過程中，最重要的是什麼？我們想要獲得一些人的支持、鼓勵，拿到一些人的投資，該怎麼做？

我想起自己經歷過一件事。幾年前，我決定在朋友圈發了一個動態，很快我就收到了幾十則回覆，大家來問我想幹什麼，並表示願意跟著我一起幹，有人說可以出力，有的說能出錢，還有的說可以出資源。

這件事給了我很大觸動，我明明還沒開始做這件事，就開始有人送人、送錢、送資源。相比之下，有些人反覆的做很多事情，可身邊願意幫他的人卻越來越少。為什麼會這樣？原因就在於兩個字——信用。

若問：「金錢和信用，你認為哪個更值錢？某明星代言產品，是在用自己積累的錢代言，還是用自己的信用代言？」

答案不言而喻。明星正是利用自己長期積累下來的公眾形象和認知，最終建立良好的信用，繼而再用自己的信用代言產品，獲得收益。大眾購買明星代言的產品，也是因為這個明星有良好的信用，而不是因為他多有錢。

所以，如果你想賺更多的財富，就要先建立良好的信用。當你的信用不斷增長，自然可以吸引更多人來幫助、投資你，助力你的事業，讓你的財富不斷增加。但增加財富不代表信用會增長。這也再次提醒我們，信用才是真正有價值的東西，是真正的財富。你在哪個方面積累了信用，就能在哪個方面獲取財富。

有些人常說：「哇，有錢人花錢真大方，一出手就是買豪車、豪宅，送豪華禮物給別人。」你認為他們只是覺得花大錢心裡爽，開豪車、住豪宅舒坦嗎？這只是其中的一個次要原因而已，更主要的原因是他們在透過這種方式積累自己的信用。

舉個例子，假如某人一出手便買下一套豪宅，這時他周圍的人會不會認為他財力雄厚？覺得與他一起做事不用擔心被套牢？所以，購買這套豪宅並非完全為了享受，而是在為自己在他人心中建立信用。

我平時經常接到一些家族辦公室、私人銀行的電話，或者是一些做投資、做專案的朋友的電話，邀請我看一些業績報告或參加某些活動。實際上，即使我現在身無分文、家徒四壁，只要有一個很好的名聲，這些家族辦公室、私人銀行，以及我的那些做投資和做項目的朋友，也會認為我很富有。為什麼？難道是因為他們看了我的銀行帳戶餘額嗎？當然不是，而是因為我在他們心中已經有很好的信用。

建立信用是每個人使用錢最正確的方法。說一個人有多少錢並沒有太大的用處，但如果說一個人的信用多好，那麼他隨時都能賺到錢。如果你始終認為最厲害的人都是用錢來賺錢的，我只能說你這是窮人思維，你還不了解這個世界的經濟運行規則。

真正富有的人，不僅是用錢賺錢，更是用信用賺錢。

投資人投出去的錢，也是一種信用交易。建立自己的信用體系，是你最大的隱形財富。

■ 真正的財富是信用

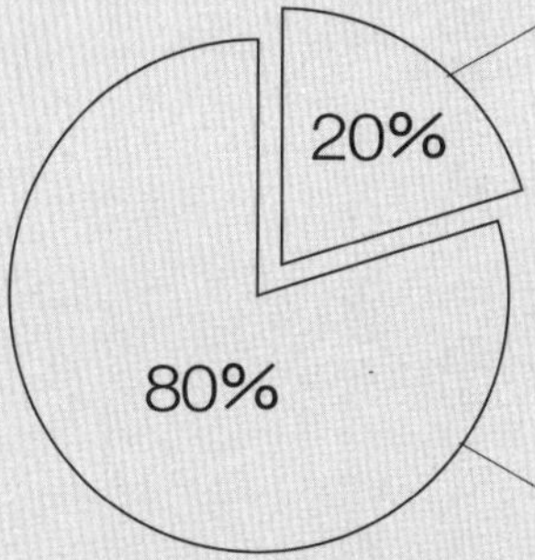

信用換取財富：
20%的人掌握
80%的財富。

時間換取財富：
80%的人掌握
20%的財富。

- 如果你想賺更多的財富，要先建立良好的信用。當你的信用不斷增長，自然可以吸引更多的人來幫助你、為你投資，助力你的事業，讓你的財富不斷增加。
- 信用才是真正有價值的東西，是真正的財富。
- 你在哪個方面積累了信用，就能在哪個方面獲取財富。

2 讓自己花的每一分錢都事出有因

我常聽到一些人抱怨：「你看那個誰，學歷、家境跟氣質不如我，就是運氣好，才賺到那麼多錢。」事實並非如此，運氣好就能賺到錢是個偽命題。真正決定你賺錢的因素，是你的財富思維和行動力。

很多人會膚淺的跟人比學歷或家境，甚至比氣質、外貌，其實真正決定命運的是思維上的差異。

容易獲得財富的人，大都擁有強大的財商思維，能活用槓桿、現金流和信用，懂得將資產合理配置，從而在資產倍增過程中實現財富自由。

所以，決定一個人貧窮或富有，並不完全是他擁有的金錢，而是資訊、知識、智慧和實踐能力。很多人不知道，賺不到錢不是因為缺少機遇或運氣，而是因為缺少能力。一切的財富積累，都是認知和行動的變現。

在資訊爆炸的時代，只有圍繞消費者做到立體整合行銷，才能將企業的商業資訊輸送到消費者的心智中。許多深入人心的廣告正是透過這樣細緻的整合手法，才讓人們對它印象深刻。

成功的商業人士在獲取成功和創富的路上，都擁有一套自己的思維模式，因而決定了他們能比普通人獲取更多的財富。

這也提醒我們，普通人想獲取金錢，首先必須具備一定的財富思維和意識。哪怕不能一下子成為富翁，也能一步步走在獲取財富的道路上。那麼，我們要怎麼構建財富思維和意識？我總結了七點。

1. 記錄日常開銷

事實證明，對自己的消費紀錄瞭然於胸的人，比那些糊里糊塗消費的人至少多三十倍財富。且有研究表明，九〇％富人都能說出自己過去一年在衣食住行方面的開銷，八〇％富人甚至能具體說出某一類上的花多少。小到一支筆、一瓶水，大到一部手機、一臺電腦，凡與自己有關的消費都要做好記錄，方便日後統計。

2. 學會編制消費預算

消費預算可以反映出你對未來消費結構的大致規畫，它與消費紀錄一脈相承。消費紀錄是你制定消費預算的依據，以此為參考，謹慎分析自己的消費需求，哪些是必要的，哪些可買可不買，哪些是完全沒必要的支出，每個消費類別額度有多少……這些都是消費預算的重點。

為了便於記錄，可以以月為單位編製消費預算。

3. 抵制高消費，不要負債

有些人認為，一個人的消費水準越高，社會地位和成就就顯得越高。這也導致一部分人寧可負債，也要保持較高的消費水準。

這完全是虛榮心在作怪。有一項調查發現，現在很多開豪車的人並不是真正意義上的富人，車子不過是他們租來或借來炫耀的工具而已。

真正的富人與人們理解中的富人是有一定差別的，他們往往喜歡淡化自己的財富和成就，讓人很難從他們的衣食住行上判斷他們的社會地位。反倒是窮人會想炫耀來滿足自己的虛榮心。

4. 慎重購買汽車、住房等高額消費品

汽車、住房等高額消費品，在很大程度上，反映了一個人是否積累了足夠多的財富。

一般來說，開上好車、住高級住宅區中，意味著你的消費方式會不知不覺的向周圍的人靠攏，這也導致自己的消費越來越高，有時甚至超過自己的收入，不得不負債消費。

而大多數白手起家的富人之所以能積累財富，恰恰是因為他們不住在高級住宅區，有意識的控制了自己的消費。

5. 分散投資，雞蛋不放在同一個籃子

很多中產家庭積累了一定的財富之後，便不再滿足於日常的工作收入，而是努力尋找各種投資機會，期待著以錢生錢。但如果缺乏風險意識，不夠理解投資理財，可能就會只對一種投資產品情有獨鍾，結果一旦投資失誤，就會損失巨大。

這類悲劇的發生根源，在於錯誤的投資思維及缺少分散風險的意識。為了避免悲劇發生，投資要多學習相關知識、懂得分散投資，別把雞蛋全放在同個籃子。

6. 持續學習投資知識，掌握最新投資趨勢

如今，各種投資理財產品層出不窮，依靠傳統的理財知識已無法應對多元化的投資世界。面對魚龍混雜的投資理財產品，得持續學習相關知識，提高鑑別能力。

有調查稱，富人每個月平均花十一個小時學習投資知識，了解最新資訊。當然，學習投資知識並不意味著，你必須請人教自己或找理財顧問。學會獨立思考，理性判斷，才不容易陷入各種投資陷阱之中。

7. 具備良好的投資品格

就算掌握投資理財知識，學會分散投資的方法，也不代表你就能在投資中無往不勝。

《財富自由》一書中指出，有五五．六％富人認為自己擅長高風險的投資策略，七一％富人認為自己比其他人更懂投資。但幾乎所有富人在投資風險到來之前，都能沉著應對。既敢於冒險，又能保持冷靜，這是投資成功的重要品格。

總之，富人之所以富，一定有他們的一套思維。但具體來說，讓自己花的每一分錢都事出有因，保證每一分錢都用在刀口上；忽視周圍人對開銷的看法，控制自己的消費欲望，遠離虛榮心；學會分散投資。

這些都是財富開源的必經之路。了解並實踐這些概念，在開源節流雙向並舉的過程中，想成為富人便不是難事。

■ 普通人也能獲得財富的思維

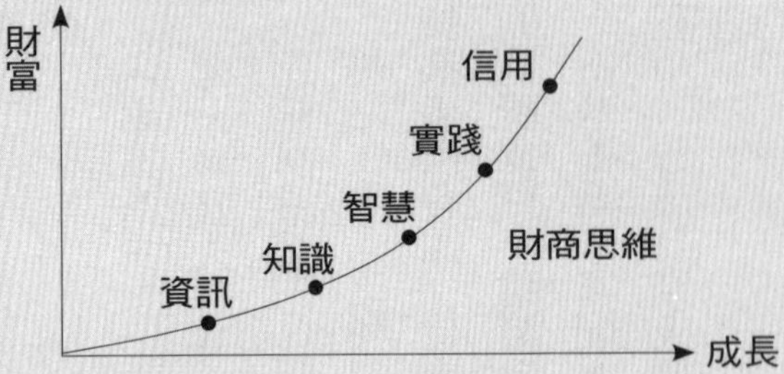

構建財富思維和財富意識：

1 記錄日常開銷：研究證明，90% 富人能說自己過去一年在衣食住行花多少，80%富人甚至能具體說某一類上花多少。

2 學會編制消費預算：消費預算可以反映出你未來消費結構的大致規畫，它與消費紀錄一脈相承。

3 抵制高消費，不要負債：真正的富人往往淡化自己的財富和成就，讓人很難從他們的衣食住行判斷他們的社會地位。

4 慎購汽車、住房等高額消費品：白手起家的富人能積累財富，正是因他們不住高級住宅區，有意識的控制消費。

5 分散投資，雞蛋不要全放在同一個籃子：悲劇發生的根源，就在於錯誤的投資思維以及缺少分散風險的意識。在投資理財前，一定要多學習相關知識，並學會分散投資。

6 學習投資知識，掌握資訊：富人每個月平均花 11 個小時學習投資知識，學會獨立思考，理性判斷，避免陷入投資陷阱。

7 具備良好的投資品格：富人之所以富，一定有一套財富思維。但具體來說，尊重財富思維，保證每一分錢都用在刀口上。

3 做難事，收入才會高

為什麼你的收入低？因為你會做的事情太簡單了。或許你曾想挑戰複雜事，但只要發現有些難度，你就放棄，結果一無所獲。

前兩年，很多人熱衷露營。有一天，朋友邀請我一起，他問我有沒有帳篷、天幕、充氣床墊、露營燈等各種物品，我說我都有。他很驚喜：「太好了，終於有機會露營了，我早就想去了！」他有這些設備，但覺得露營很麻煩，所以一次也沒去過；另一個朋友在某天傳一張充氣大船的照片給我，那天是他第一次把大船放到水裡玩。這艘船是十幾年前他爸爸在國外買的，但他嫌麻煩所以從沒玩過。

我講這兩個案例是想說，怕麻煩，會讓人失去很多快樂和良機。在收入問題上，本質也是因人把事情想得太簡單，導致自己不願做或想複雜事。所以，一件事做到二、三十分後，因感受到難度，就不想繼續，於是換成另一件事做，不斷重複這個過程，結果忙了半天，你可能做很多事，但沒有一件做好，收入怎麼會提高。

現代科技發展飛快，廚師、設計師、搬運師、會計師……各種替代人類工作的機器人陸續出現，現在很多城市還出現無人駕駛計程車等。原本由人類操作的簡單工作逐漸被取代，越來越多原本需要人工作的崗位消失。在這一大前提下，你真正想要提高收入，讓自己變得更好，必須能在自己所在的行業勝任更複雜的工作。

我以前身邊有不少做銷售的同事、朋友。很多人現在仍做銷售，只是換了公司、換了不同銷售產品。他們越來越焦慮，因為他們隨時都可能被公司裁員。尤其是新媒體和直播帶貨興起，他們對於公司的重要性逐漸降低，總有一天會被淘汰。

我把物質統分為三大類：第一類是看得見、摸得著的物質等，第二類是人，第三類是時間。當人和物質、時間湊在一起時，就增加一件事的複雜性。而一個人養成了解決複雜問題的習慣後，久而久之，他就具備了解決複雜問題的能力。這時，各種難題出現時，他不但不會退縮，還會積極想各種辦法，調動自己的各項能力來解決。試想一下，這樣的人，公司能不願意用嗎？收入能不高嗎？

不管你想提高個人收入或公司收益，會做難度高的事，等於永久的提高收入。

復星集團創始人郭廣昌某次演講主題，為「穿越企業週期，重啟增長引擎」，讓我受益匪淺。尤其他最後總結的三個堅持特別打動我：**堅持做對的事、堅持做難的事、堅持做需要時間積累的事**。簡單來說，就是要按照做事的正確步驟，一步一步的做，然後長期堅持，才能穿越週期，形成自己的能力，不被別人超越。否則，你做的事情大多數人都能做，你完全沒有優勢，自然無法超越競爭對手。

亞馬遜（Amazon）董事長貝佐斯（Jeff Bezos）也說：「當你把眼光放在三年內，會發現到處都是對手；當你把眼光放在未來七年，那麼針對你的人會很少。」也就是說，世界上多數人或公司都追逐短期利益，所以只能看到未來兩、三年的情況。若能看到未來七年，就可以打敗大多數競爭對手，讓自己獲得更高收益。

很多人容易被捷徑誤導，習慣追所謂的風口（按：原是地理名詞，後因小米創辦人說的話，引申為趨勢）、紅利，**殊不知真正決定你能長時間拿到高收入的，從都不是那些短期的風口和紅利，而是那些複雜事和複雜工作。**

我們要用什麼方法讓自己有能力應對複雜？

首先，你要找到一個能讓你臣服的人，並堅定跟隨他。這個人要麼在某方面特別有能力，要麼人際關係非常廣，願意教你一些事。當他讓你做一些事情時，你當下可能不懂，但過一段時間，你一定可以理解他為何要那樣做，也能知道他是真的為你好、在提攜你。跟著這樣的人，你的能力、人際關係、做事風格等，一定能不斷提升，你甚至可以獲得更多發展、展示自我的機會，收入自然不在話下。

其次，不要靠近那些需要你向下相容的人。

仔細想一下，自己身邊的榜樣人物多，還是需要你向下相容的人多？如果是後者，他們需要你體諒、理解、包容，那麼你還處在一個很普通的階段；反之，如果你身邊都是值得學習的人，每個人都是你的榜樣，就表示你已經開始上升了。

一個人能否成功，關鍵要看他是否當了成功者的朋友。

當你成為成功者的朋友，那麼你的能力、人脈、資源等就會越來越好，你做的事情也會越來越成功，收入也會隨之增加。所以，我們在做一件事情時，別人的幫助就是最寶貴的資源，他人的指導就是最珍貴的資產，他們的提攜就是最難得的機會。這些優勢都集中在你的身上時，你的收入還能不增加、不翻倍嗎？

■能做難事，收入才會高

不管你想提高個人收入還是提高公司收益，會做難度高的事，就等於永久性提高收入。

堅持做對的事、難的事及需要時間積累的事：

1 你要找到一個讓你臣服的人，並堅定的跟隨他：
跟著這樣的人，你的能力、人際關係、做事風格等，一定能不斷提升，甚至可以獲得更多發展自我、展示自我的機會，收入自然不在話下。

2 不要靠近那些需要你向下相容的人：
如果你身邊的很多人都需要你體諒、理解、包容他們，那麼你還處在一個很普通的階段；如果你身邊都是值得你學習的人，每個人都是你的榜樣，那就意味著你已經開始上升了。

做一件事情時，別人的幫助就是最寶貴的資源，他人的指導就是最珍貴的資產，別人的提攜就是最難得的機會。

4 你用體力還是能力賺錢？

靠時間、體力、健康甚至生命賺錢，你的口袋深度會非常有限。靠能力、機會、人際關係來賺錢，你的財富才會快速增倍。

很多人一生都在靠自己，**用自己的時間、健康、家庭，甚至生命來獲取收入、生計。**

但這樣的人即便一輩子不停歇的工作，也很難獲得讓自己滿意的生活。因為你既不增長能力，又不增長關係，**所有的努力都相當於在原地踏步**，最後只會變得越來越累。

比以上情況稍微好一些的，是一部分人意識到增加能力和社會關係的重要性，所以積極的提升各項技能，建立一定的社會關係。這可以幫助他們獲得一定的銷售收入，讓時間增值，比如以前平均下來一小時能賺十元，現在可能一小時能賺二十元。但總體上來說，這種情況仍然是在靠時間換錢。

再好一些，當自己稍微具備一定的能力和地位後，在別人眼中變成一個比較厲害的人，不再像以前那樣人微言輕了。這時，你說一句話，可能就能幫別人辦成事，你因此獲得一定的收入。這時，你的時間、效率都增加了。

以上三種情況，代表著一個人不斷努力所能爬升的三個層次。但這三個層次仍然處在完全靠自己、靠時間的收入階層，我把這種情況稱為「手停口停」階段。簡單來說，只要你停下工作，停止投入時間和勞動，你的收入也會停止。這也是絕大多數人都無法擺脫的狀態。

要怎麼做才能擺脫這種狀態？

說起來簡單，就是集中精力增強能力和增長人際關係。當你提升能力和關係後，你的收入類型就會變得多元化，既有主動收入，也有被動收入。

主動收入是指透過直接工作或做事獲得的金錢，慢慢的，當你具備較好的能力、擁有較多的人脈後，可能只需要說出你的名字、提供經驗或資質、拿出過去的作品，你就可獲得一定的收入。接下來，你可能還會獲得機會，你只要參與一下，不用直接花時間和精力做，而是安排其他人處理，就能從中獲得一定的收入。

高級的收入是人際收入。例如，某人剛好有一個需求，而另一個人正好能滿足這個需求，你跟兩方都認識，那麼你在中間牽一下線，雙方合作成功後，也會不可避免的給你一份收入。

所以，當你的人脈關係和團隊結構達到一定高度後，你就能完全脫離最基本、最底層的用時間和體力賺錢，或稍微升級一點的靠銷售賺錢等模式，將賺錢模式變為主動、被動，或者靠機會和人脈來增加收入。

很多人可能會說：「我也想增加收入，要如何升級賺錢模式？」

萬通集團董事局主席馮侖在著作《野蠻生長》提到，一個人想要成就偉大，必須學會三件事：學先進、傍大款、走正道。其中，學先進是指跟著優秀的人一起做事，不要怕別人不帶自己玩，天天追著先進走，你就有機會變得優秀；傍大款是說要找比自己有實力的公司或人來合作；走正道則指跟著偉大的人、優秀的人一起做事，你也會跟著變得優秀。

我在這裡要重新定義這九個字。

- 學先進：不是讓你跟隨厲害的人學習，而是說你要去掉打工心態。當然，這不是說要你現在馬上辭職，而是說不管你在什麼地方、做任何工作，都不要有這種想法——當一天和尚撞一天鐘，做完手頭的工作就沒事。你應時刻保持積極、熱情，**把每一份工作都當成自己的一份事業面對**。
- 傍大款：是說你要敢花錢，也捨得花錢，為了維繫人脈關係，要捨得付出。
- 走正道：你一定要跟對人，知道什麼人能提供幫助，能為你有效賦能。

所以，學先進、傍大款、走正道轉譯過來，就是不打工、敢花錢、跟對人。當你弄懂這套邏輯後，你就會發現，你的狀態越來越好，道路越走越順，你的能力增效和財富增速也會越來越快。

■ 你用體力還是能力賺錢

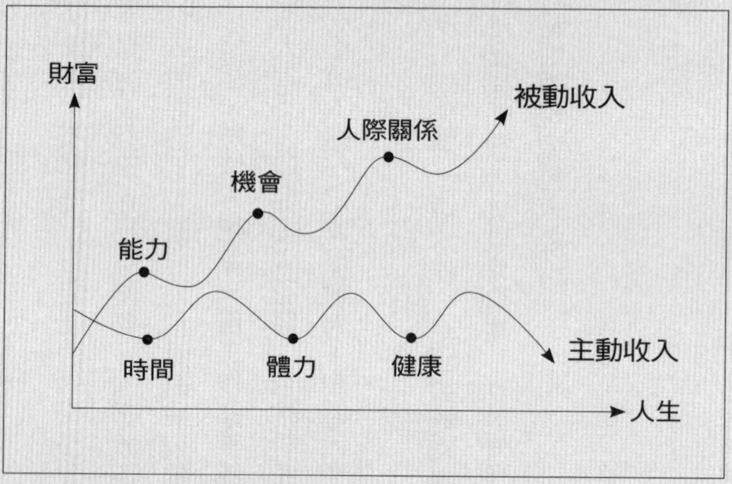

學先進、傍大款、走正道：

- 集中精力、增強能力和增長人際關係。當能力和關係都提升後，你的收入類型就會變得多元，既有主動收入，也有被動收入。
- 當人脈關係和團隊結構達到一定高度後，你就能完全脫離最基本、最底層的用時間和體力賺錢，或者稍微升級一點的靠銷售賺錢的模式，將賺錢模式變為主動、被動，或者靠機會和人脈來增加收入。

5 財富是積累資源，而非消耗資源

若人不具備財富思維，就會浪費自己的時間，也用不好身邊的資源。思維方式改變人一切的行為，結果最終決定個人收穫。

比如，兩個人有同樣的能力和資源，也都為自己創造收入，但一個人做事時會不斷的消耗資源，另一個人則不斷積累資源。你認為誰能走得更遠？

答案不言而喻，肯定是後者能走得更遠。因為不斷消耗資源的人會越做越累、越做越辛苦；而不斷積累資源的人會越做越簡單、越做越富有。

會出現兩種截然不同的結果，原因在於，有人做事時，不只讓自己獲益，也會考慮到別人的需求和利益，所以他身邊的朋友越來越多，相當於不斷積累資源；有人做事時只想到自己的需求和利益，完全不顧他人，甚至想方設法占人便宜，導致朋友越來越少，對手越來越多，這就是不斷消耗資源。

舉個例子，銷售是一個很重要的職業。我相信每個經歷過創業、做高階主管、做專業經理人的人，不管在任何情況下，都在做銷售：銷售自己的產品、服務、思維和觀點，甚至向部屬銷售下個階段的任務。有些銷售人員在推銷產品或服務時，完全從自身利益出發，等同於消耗資源。

有一次我和朋友去一家西餐廳吃飯，落座後，我請服務生推薦店裡的特色，他熱情的介紹幾種後，我就開始點餐。那天我點的菜有點多，這時服務生看到便說：「這幾道菜都是熱銷菜品。不過，我覺得這幾款菜至少要配上五款酒，才能真正體會到美好的味道。」我明知道喝不完，但因有朋友在場，再加上我想讓他好好享用這頓料理，於是多點五款酒。結果可想而知，菜沒吃完，酒沒喝完。這家店地段雖好、裝修棒，服務生也帥氣，但這次經驗，讓我決定這輩子都不要去了。

後來，我每次跟朋友吃飯，都會講這件事，大家也紛紛表示不會去那裡吃飯。對於這家餐廳來說，少了我這個客人可能不算什麼，但每個客人都有自己的人際圈，這家店等於一下子就少了許多客人。後來有一次我路過，發現它已經倒閉了。

我現在經常帶朋友去另一個小餐廳，店內不大但精緻。當然，我更喜歡它的一個原因，是老闆和服務人員都會站在顧客的角度思考問題。

有一次我帶朋友到那裡吃飯，點了幾個菜後，服務生就跟我說：「先生，其實您可以不點這三道菜。」我問為什麼，他接著表示，這三道菜跟我點的其他料理味道相似，而且我點的菜夠我和朋友兩個人吃。我當時聽完很開心，其實我完全可以照他的建議，但我很喜歡這位服務生的服務態度，所以我還是點了這三道菜。

菜陸續上來，在我們吃到一半時，那個服務生又過來問我：「先生，剛才那三道菜確定要嗎？」我才發現這三道菜一直沒上來。服務生說：「我擔心您吃不完，就跟後廚打招呼，等您吃差不多時再確認。若您還要，我再去後廚下單。」

我當時聽完很感動，那種感覺就像是在自己家裡吃飯一樣，有人在關心你、為你著想，那種感覺特別好。在這種情緒狀態下，我很願意在這裡消費，所以我說：「那三道菜也都上來吧，我們還想嘗嘗。」我因此留下非常好的印象，後來我經常跟朋友推薦這家餐廳。它的做法就是為自己積累資源，即使最後我不要那三道菜，餐廳也只是損失了菜的費用，卻留住了一個客人的心。能留住一人心，相當於給自己拉來更多的客人及生意，這才能長久經營。

對於有錢人來說，長久獲取財富的祕訣，就是不斷積累資源。不只是金錢——這只是資源中非常小的一個品類——還包括信任背景、共同經歷、人際關係等。

甚至在一些有錢人看來，金錢是最不值得驕傲的資源。因為**金錢不能直接換來別人對你的直接認知**，除非你出門時在身上綁滿鈔票，但擁有好名聲、和厲害的人建立良好關係，甚至開好車出門，卻可直接影響別人對你的印象和認知，這相當於打造個人品牌，樹立個人影響力。簡單來說，好名聲、好車都是給別人聽的、給別人看的。**讓別人聽到、看到你的實力，才可能獲得更多的資源**。

每個人都需要有一個不斷積累資源的過程，這也是你不斷變富的過程。如果想變富有，先要有一顆富有的腦袋，腦袋裡裝滿財富思維，才有可能擁有一個很深的口袋。腦袋裡想的是對的，口袋裡裝的才是對的。

明白這個邏輯，你遇到一件事情時，才會思考這件事能積累資源，還是會消耗資源。而你對待一件事的方式，最終也決定了這件事對你的反作用力。想清這些問題後，你會發現，賺錢並沒那麼複雜。

■財富是積累資源，而非消耗資源

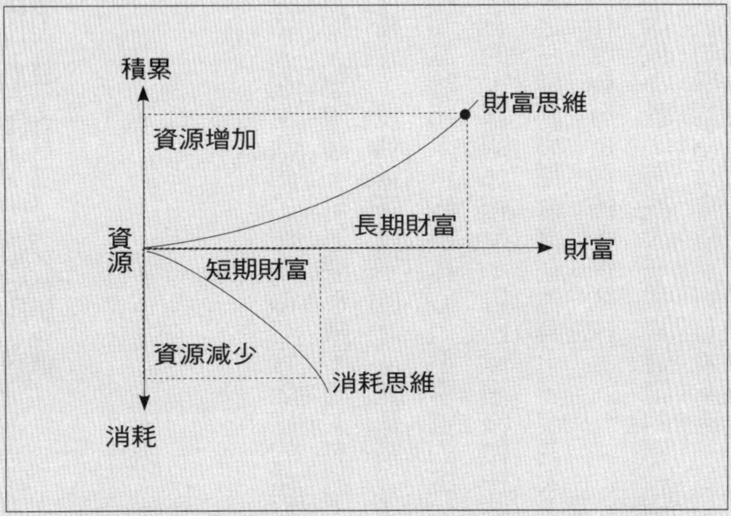

- 思維方式改變你的一切行為，結果最終決定個人收穫。
- 每個人都需要有一個不斷積累資源的過程，這也是你不斷變富的過程。想變富有，先要有富有的腦袋，腦袋裡裝滿財富思維，之後才可能有很深的口袋。腦袋裡想的是對的，口袋裡裝的才是對的。明白這個邏輯，你在遇到一件事情時，才會思考這件事是能幫自己積累還是消資源。
- 若你不具備財富思維，你的每一分鐘都是浪費，每一個人脈都沒有價值、沒有意義。

6 理財的七大障礙

每個人在生活和工作中都有意無意的積累財富，不管自己做的事能否賺錢。只不過有的人想賺錢，可怎麼都賺不到；有的人想賺錢就能賺到；還有的人，對金錢沒太多概念，沒刻意賺錢，但財富就是跟著他走。

這句話聽起來可能很扎心，但事實的確如此。有些人明明很努力，但做什麼都賠錢；有的人卻剛好相反，自己似乎沒做什麼，結果機會找到自己，大人物也會上門，總之各種好事都會落在他身上，沒花太大的力氣就積累起了財富。

為什麼會有這樣的差別？

原因就在於，有些人在積累財富的過程中遭遇了障礙。我對這些障礙進行了總結，把它們稱為「財富積累的七大障礙」：

1. 沒有膽量和勇氣

我的同學中，很多人家境都比我好，受教育水準也比我高很多，但現在我卻成了他們大部分人的標杆。一個重要的原因就是我有膽量、野心，對自己的人生有衡量、要求。

在一次公司聚會上，有位同事分享一件關於我的事。他說，他對我印象最深刻的，是以前一起工作時，我每個月的電話費都要高達七、八百元，而當時其他同事的電話費只有一百多元，公司每個月只給員工報銷兩百元電話費。他很不理解，為什麼我的電話費那麼貴。

我當時回答：「人與人之間的溝通，才是我擺脫打工生活的重要工具。」因此，我盡可能的與外界更多的人聯繫並建立關係，之後尋找機會，獲得支持。而事實上，我正是透過這種方式從外界獲得更好的機會，更早擺脫打工生活，找到了獲取財富的途徑。

如果你想盡快擺脫當下不夠滿意的生活，獲取更多的財富，一定要具備膽量和勇氣，敢於與外面更厲害的人建立關係，尋找更好的突破自己的機會。

2. 缺少知識與教育

在公共場所要講文明、懂禮貌，否則輕者招來周圍人的白眼，重者可能被處罰、刑拘。但若換作年紀很小、不懂事的孩子在公共場所做了這些事，可能大家容易原諒他們。因為小朋友缺乏知識、還沒接受更多的教育。

在賺錢這件事上，很多人就像小朋友，因無知犯了很多錯誤。但小孩子犯錯可以改，你一旦犯了這些錯，就很難賺到錢，甚至還有損失。可見，腦海中缺乏必要知識，或缺乏正確的認知，也會影響創造財富。

3. 做不到長期和堅持

有些人不管學什麼都堅持不了，今天學金融知識，明天學理財法則，看起來每天都很忙，但其實什麼都沒學到，什麼也都沒做成。就像小孩子上興趣班一樣，週一學音樂，週二學圍棋，週三學數學……一天學一樣，你覺得能學好、學精嗎？

晚清重臣曾國藩說過：「讀書不二。」還說：「一書未點完，斷不看他書，東翻西閱，徒循外為人，每日以十頁為率。」意思是，讀書要專一，一本書還沒有讀完，一定不去看其他的書籍。隨意的讀，對自己的道德學問沒有一點益處，就是一個只求知識而沒有道德的人。

認真讀書，每天必須圈點十頁。這就是一種長期和堅持的習慣。用這種習慣讀書，才能真正領會書中的內容；用這種方式做事，才能真正把事情做好。

這裡要注意一點，就是**長期和堅持在本質上是兩回事**。長期是你長時間的做一件事，比如上班事就是長期的；而堅持則是你在做這件事的過程中，即使很厭煩，即使看不到結果，即使其間多次想放棄，但最終還是持續下去。

具有長期的思維，具有堅持的毅力，做事才更容易成功，也更容易賺取財富。

4. 沒有良好的習慣和行為

你現在的狀態、能力水準、財富等，都來自習慣而非認知。很多時候，你學到的知識沒什麼用，有太多知識你也用不到。但習慣和行為卻決定你的做事方式。

一個人可以調整自己的認知，也可改變自己的習慣，但如果你只改變認知，不改變習慣，那麼你仍無法從根本上來調整自身狀態，也不可能真正做好一件事。

5. 不會表達與傾聽

表達和傾聽可以幫你更好的與他人建立關係、獲得更多的機會。

我有一位外國朋友，前段時間想從烏克蘭去波蘭首都華沙，但出於種種原因，他不能馬上成行。他發了一些他所在地的影片給我，影片中的房屋、汽車等被嚴重破壞，他因此陷入困境。他問我能不能給他一些建議，我告訴他，一定要多跟當地人交流，多表達自己的狀態和需求，獲得更多的資訊，這樣才能找到機會離開烏克蘭。他聽從了我的建議，兩天後終於找到一輛去華沙的車，離開烏克蘭。

這件事說明，溝通表達在很多時候是非常重要的，哪怕你在一個陌生的城市，哪怕你身無分文，只要你能表達，你就能獲得相應的幫助。

在人際中，傾聽同樣重要。當別人知道你願意耐心的聆聽，他便認為你很尊重他。一位很厲害的朋友曾跟我說：「**對一個人的尊重，比愛和同情更重要**。別人在你這裡得到尊重，才會對你產生好的印象，願意分享把自己的資源、人脈等，你才能獲得更多成功的機會。」**學不會溝通，做不到傾聽，很難獲得機會和財富。**

6. 沒有貴人和導師相助

世上有兩樣非常珍貴的東西：普通人的錢和厲害人的時間。普通人的一百元錢，可能頂得上有錢人的一百萬元；厲害的人的一分鐘，可能頂得上普通人的十年甚至更久。所以，人生中出現敢說你、敢批評你、敢教育你的人時，一定要好好珍惜，因為他們很可能就是你人生中的貴人和導師。他們的建議和指引，是你讀多少本書都學不到的精華。

7. 方向不對

做事方向不對，所有努力都白費，這時在錯誤方向停下來，才是最好的選擇。那麼，正確的方向在哪？如果你具有很高認知和開闊思維，判斷方向的權重會高一些；如果你是普通人，選擇的方向很可能會面臨較大的風險。

我曾有很長一段時間陷入自我懷疑中，每天不停的否定、批判自己，不斷的想：「如果過去我的思維是對的，為什麼我口袋裡的錢不對？如果過去我的思維是錯的，我為什麼還要相信自己？」

後來我開始試著否定以前的判斷思維，讓自己學著從多個角度看待問題然後思考，我漸漸發現，我開始對這個世界敏感了，我的判斷也逐漸變得準確。就是利用這個轉變，我才真正站了起來。這就是選擇方向的重要性。

方向是你對未來的預判，普通人想要選對方向，要麼有非常敏感的方向感，要麼有厲害的人的幫助和指引。

有人可能會說：「我知道這些道理，了解了以上這些積累財富的障礙，我就能賺到錢、積累財富嗎？」實際上，拓大發展的辦法、變強的辦法、賺錢的辦法早已寫在書上了，但為什麼還是有人賺不到錢呢？

一個最重要的原因，就是做不到知行合一。知行合一的前提是「知」，知道哪些事情是正確的、應該做的，哪些事情是錯誤的、不應該做的，這一點不難。真正難的是「行」，你光知道卻不肯行動，當然不可能拿到結果。

賺錢不分專業和領域。當一個人掌握正確方法並行動，在克服途中的各種障礙後，他在任何領域都能賺到錢、積累財富。

■ 七件事使你存不了錢

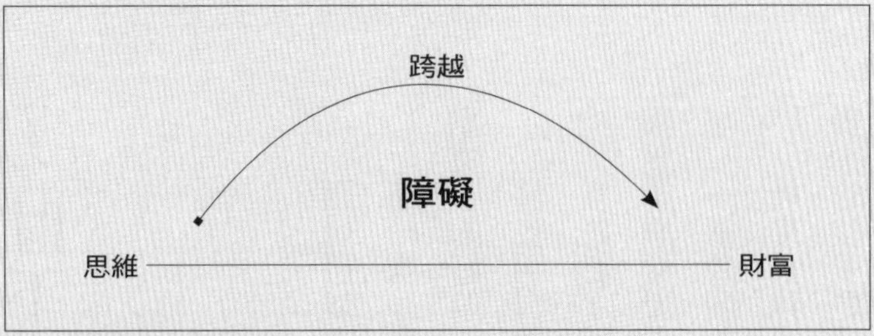

七大財富積累障礙：

1 沒有膽量和勇氣：與更厲害的人建立關係，尋找突破自己的更好機會。

2 缺少知識與教育：沒必要的知識或缺乏正確認知，會影響創造財富。

3 不能長期和堅持：長期是長時間做一件事，堅持則指做一件事的過程中，即使很厭煩、看不到結果，仍持續做下去。

4 沒有良好的習慣和行為：人可改變自身認知和習慣，但只改變認知，不改變習慣，仍無法從根本上調整自身狀態。

5 不會表達與傾聽：傾聽很重要。當別人知道你願意耐心的聆聽，他會認為你很尊重他。對一個人的尊重，比愛和同情更重要。

6 沒有貴人和導師相助：出現敢說你、敢批評你、敢教育你的人時，一定要好好珍惜，因為他們很可能就是你人生中的貴人和導師。

7 方向不對：做事的方向不對，所有努力都白費，這時在錯誤方向上停下來，才是最好的選擇。
方向是你對未來的預判，普通人想要選對方向，要麼有非常敏感的方向感，要麼有厲害的人的幫助和指引。

7 財不入急門

讓自己變富最直接的方法，就是延遲收益。

有一次，我去朋友家吃飯，在吃飯期間，他一直朝我使眼色，意思是讓我多吃點桌上的好菜，要不然好菜都被家裡照顧孩子的阿姨吃了。

當我明白他的意思後，不但沒照做，還把好菜挪到阿姨面前，說：「您喜歡吃肉，多吃點，照顧孩子很辛苦。」阿姨急忙向我道謝。我接著說：「您不用客氣，我兄弟經常說，阿姨很盡責的幫他照顧孩子。我聽他說您愛吃肉，我多夾一點給您吃。」當時朋友看我的眼神都要炸了。

後來，他出來送我離開時，我告訴他：「阿姨幫你照顧孩子，你對她好，她才對你的孩子更好，最終受益的是你和你的孩子。」最後我很直接的對他說：「為什麼這幾年你混得不好，就是因為你太在意這些小細節了，自己不肯吃虧，也不願意付出，不給自己留後路。」這就是一種短視思維，只看重眼前的利益，不能看到長遠的好處，結果很可能會因小失大。

在追求財富的路上，記住，「財不入急門。你能把眼光放長遠，**同時捨得輸出對別人的信任和賞識，你成功和獲利的機會才會越來越多**」。

我對裝修行業有比較深入的了解，但我在第一次、第二次裝修時都踩過大坑，一次是被設計師算計了，一次是被裝修工班算計了。之後，我便認真研究裝修的問題，後來再也沒有裝修的能騙到我。我甚至還控制結帳的節奏，以便裝修效果可以達到我的要求。

我非常信任某裝修工班，還向朋友推薦過他們。我在跟這個裝修工班的領班打交道後，發現他的生意做得特別好，其中一個重要原因就是他跟任何一個客戶都會延遲收費，而不是裝修完馬上跟客戶要款，也不催促客戶。其間如果裝修需要買什麼東西，客戶趕不過來，他還主動跟客戶說：「您別著急，我先墊付了，您方便時再給我就行。」這樣的次數多了，客戶就會覺得這個裝修工班不錯，不唯利是圖，不急功近利，很負責、值得信任。久而久之，口碑就樹立起來了。

有人可能會擔心，如果遇到的客戶最後不給錢或拖欠裝修款，那怎麼辦？裝修不是白做了？這種情況也是有的，我們有個術語把這種情況叫作「走面失敗」，但這種情況少見，而且也在於裝修工班看人的眼光。絕大多數情況下，**把眼光放長遠，不執著於眼前，最終的獲利遠遠大於損失**。

人與人之間需要慢慢相處，事情需要慢慢推進，財富也需要慢慢賺取。遺憾的是，很多人只想擁有即時效應，完成任何一件事後，想馬上看到結果、拿到報酬，回報晚一些或者不能達到預期結果，都不能接受。

巴菲特說：「投資其實很簡單，但沒人願意慢慢變富。」這句話也說明，不管是投資或其他事，要獲取財富並不難，難的是人們都沒有耐心等待。在這種急功近利的心態影響下，投資失利或無法積累滿意的財富，也成了自然而然的結果。

事實上，很多人之所以短視，看不到長遠利益，主要是被三件事蒙蔽了：計較、狹隘和貪欲。

計較就是小心眼，事事不願包容，更不願意吃虧，非常害怕別人占自己便宜，這樣的人很難接近財富。不管跟別人合作，還是跟朋友相處，如果你們之間都不計較，互相包容，那麼你們會一起走得很遠。而且，這種關係也相當於你獲得了一個很值得信任的幫手，未來你們會一起做很多利大於弊的事。

所以，人生一定要放下計較，學會包容，如此才能不斷收穫，而不是像熊瞎子掰棒子似的，掰一個丟一個，不斷的丟棄。

狹隘就是一元思維和二元思維，看事情非黑即白，不能接受新鮮事物。如果你能摒棄狹隘，把一元思維、二元思維變成多元思維，願意多角度看待問題，你就能不斷擴大自己的人脈圈，接觸到更多厲害的人，學會用他們思考問題的方式來想事情，由此找到更多創造財富的機會。

貪欲就是貪圖安逸，每天只想著過閒適的生活，不願意跳出舒適圈，我也把這種情況稱為「懶病」。不僅如此，一旦涉及利益，他們還總想據為己有。殊不知，貪小便宜吃大虧。經常占別人便宜，沒人願意跟你一起做事情。

想持續獲取財富，就要創造更多的人際交往機會，並在過程中較慢提出自己的要求。試想一下，如果一個人跟你交往，一上來就向你賣東西、談利益，你還願意跟他長期交往嗎？反之，對方沒直接談利益，而是先跟你當朋友，之後再慢慢提出需求，大多數人就不太容易拒絕。

當然，快速提出自己的需求，不完全是錯的，因為早期的銷售是「碰」而不是「謀」。但若你想獲得長期利益和更多的賺錢機會，就必須「謀」，而不是求快。賺快錢是線性增長的過程，你只有在做這個動作時才能賺；一旦停止當下動作，就賺不到錢了。我們應該力求讓收入實現跨越式增長，這就需要你前期與對方建議信任關係，之後再在合理的範圍內提出需求，這樣你才能達成目標。

朋友曾問我：「是運氣帶來實力，還是實力帶來運氣？」

很多人可能認為運氣更重要，運氣來了，一切都順了。但我認為，是實力帶來運氣。**運氣不是等來的，而是自己一點一點設計來的、爭取來的**。實力夠了，運氣自然會來，財富也自然會來。

■變富、交友、處事的最強法則：慢

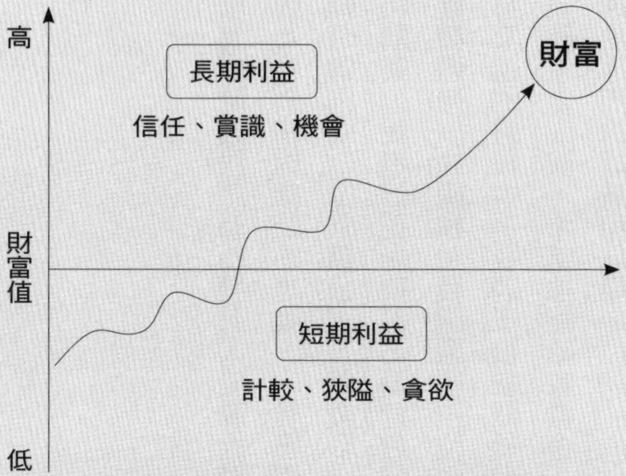

- 追求財富的路上，記住一句話：財不入急門。你能把眼光放長遠，同時捨得輸出對別人的信任和賞識，成功和獲利的機會才會越來越多。
- 人與人之間需要慢慢相處，事情需要慢慢推進，財富也需要慢慢賺取。

8 人追錢很累，錢追人才容易

為什麼有人賺錢快？為什麼有人能賺大錢？

這是因為他們掌握賺錢的思維，一旦掌握，就會進入賺錢的正循環。

我年輕時曾創立一家軟體公司，開發了一款客戶關係銷售軟體，但最終以失敗告終。這次創業，我不但花光積蓄，還背負債務。後來我為了改變自己，跟隨一個遊學團到臺灣遊學。在團裡，我認識了一位中央電視臺的製片人。

跟他打交道的過程中，我問了很多關於他們錄製節目的事，還說以後他們在錄節目時，我願意當臨演，希望他能給我機會。當時我只是單純的好奇，想見見大咖主持人，感受他們的能量和氣場。

遊學結束後，我回到北京就忘了這件事。後來某天，這位製片人打電話給我，說一個商業主題要錄專訪節目，他想到我以前向他分享的各種創業經歷，他覺得很好，所以想邀我當這期節目的專訪嘉賓。

我聽到這個消息後十分興奮，馬上換好衣服，到電視臺找他。錄製這期節目。播出後，很多朋友都打電話過來詢問和祝賀。從那以後，以前不那麼認同我的人，也開始慢慢的認同我、接納我，我的路也越走越順。

現在回想那段經歷，我也問自己：「為什麼那個製片人會找我？為何我能上節目？」後來我找到原因，就是「我想要」。當時那麼多人跟他交流，他也認識很多人，為什麼他記住了我？因為我反覆對他說我想參加節目、當臨演。這種反覆強調，代表我強烈的想做這件事。正因為這份堅持和執著，才獲得了這樣的機會。

所以，有人掙錢快的一個重要原因，就是他們一直在要。就像很多銷售人員，只要碰到人，他們會不停的向對方銷售產品或服務。雖然成功率不一定高，但根據大數法則，他向一千個人推銷，可能有一百個人購買，他就能賺到錢。有句俗話是「沒有不開張的油鹽店」，你只要開店，賣啥都會有人感興趣而出錢買。

當然，如果你想掙大錢，以上方法就不適合，你需要真正掌握賺錢的思維才行。我根據經驗總結十個超經典的賺錢思維：

1. 專業思維

想賺錢，一定要做自己最擅長的事。在一定程度上，你擅長的事可能就是你最感興趣的事，興趣加上專業才是你與別人的收入拉開差距的核心。不要試圖用自己的不專業去對抗別人的專業，失敗率可謂百分之百。做任何事情，都要有一公尺寬、一公尺深的決心，如此你才更可能獲得成功。

假如你在某方面不擅長，但又很想做，你也可以找合夥人，但他一定要是該領域人才。記住，把專業的事情交給原本就專業的人來做，你們才能一起賺大錢。

2. 精益思維

想要賺錢，一開始別想著大而全，盲目的擴張或投入。

過去幾年裡，創業浪潮此起彼伏，無論是創業者還是投資人都過於浮躁，實際上是走得越快死得越快，走得慢反而更容易走得好、賺到錢。

我之前曾經歷過幾次創業專案，根據經驗，我更傾向於小團隊的精益求精，透過測試每一個最小化的方案，打造經得起市場檢驗的產品。不過，精益創業不代表不會失敗，而是快速開始、快速驗證、快速失敗、快速反覆運算。

利用精益思維賺錢的案例在我們身邊很多，比如在朋友圈賣貨、做電商、擺地攤、個人寫作、拍短影片等，都屬於這一類。

3. 長期思維

也就是堅持長期主義，保持自我價值的增長。現在，很多人都太急著證明自己。尤其是現很多在案例是一九九〇年後、一九九五年後出生的年輕人做社群、做直播，而年入百萬，更讓大家焦慮。

但這樣年入百萬的案例畢竟是少數。而大多數人習慣性的接受別人的成果，卻忽略他們的特殊背景或默默付出。實際上，**有時承認自己的平庸，也不代表我們會一直容忍自己的平庸**，只是在認清平庸的前提下，選擇繼續前進。有時別人花一年走的路，我們可能要走三年、五年，但只要一直前進，就有收穫的可能。

4. 圈子思維

多加入一些有價值、有專業思維的圈子，開闊眼界，尋找更專業的管道。

比如，你做直播帶貨，可能很懂粉絲、內容，但不擅長選擇貨品。這時就可透過圈子尋找專業的貨品渠道。過程中，你可能遇到合適的合夥人一起創業。

5. 利他思維

圈子的本質在交換價值。即使你加入很多圈子，也不代表他人就有義務為你提供服務，想獲得別人的幫助，必須學會利他。你幫別人越多，得到的正回饋越大。

對於利他思維，除了關注企業外，更要關注消費者，確保自己提供的產品或服務是真的為客戶著想，這樣他們才能成為忠實粉絲，幫你宣傳。

所以，利他的三個目標就是：客戶收益、員工成長、商家賺錢，這樣你才能真正賺到錢。

6. 模仿思維

即使是那些偉大的產品，也都是基於一個個微小的改變而來的。

市面上絕大多數的產品都不是憑空想像出來的，而是從模仿開始。但想真正做好模仿，你還需要做到三步：第一步是僵化，就是完全的模仿；第二步是優化，是在模仿的基礎上進行微創新；第三步是固化，即完全變成自己的風格，並具備可複製性。做到這三步，你才能做到長期盈利。

7. 矩陣思維

意思是規模化的一種實現途徑，也是持續賺錢的有效途徑。

矩陣思維有兩種：一種叫自營矩陣，就是自己建網站或開店等；另一種叫代理矩陣，指招募代理商幫你做銷售、推廣。賣貨時，你想方設法尋找一百個客戶，不如找一百個幫你賣貨的人。他們一人找到十個客戶，相當於你有了一千個客戶。

8. 差異思維

相同的東西沒有價值，差異化才能創造財富。

雖然風口創業、趨勢創業等是一種思路，但這類創業很難成功，因為蛋糕的大小是固定的，參與的人太多，很難輪到你去分。

有時想在一個領域裡賺錢，與其跟大家一樣，不如尋找差異。大家都去擠大橋時，你走獨木橋反而更容易通過。

9. 複利思維

大家都想賺快錢，但快錢沒那麼好賺，不僅需要你有一定的資源和實力，還要承擔很大的風險。

怎樣才能讓自己的本金增加一萬倍？

巴菲特投資的年化收益率只有二〇％，但他卻成了世界前十的富翁。而他依靠的就是五十多年的投資收益複利，收益超過了一萬倍。

10. 時間思維

每個人的一天都是二十四小時，有人一小時能賺一億，有的人一小時可能只能賺十元，差別到底在哪裡？

答案是，時間對不同的人來說，具有不同的價值。時間要比金錢重要得多，**賺錢的本質就是在賣時間**，想在相同的時間裡賺更多錢，就要具有時間思維，像商人一樣把時間低買高賣，買的時間越多越好，賣的時間越貴越好。

不具備時間思維的人，意識不到時間的重要性。他們認為金錢大於時間，有時為了省幾元車錢，在重要的會議上遲到，殊不知，花錢買下來的時間，可以幫助自己賺更多的錢。而那些越來越順的人清楚的知道時間比金錢更重要，只有賣出很多時間，才能讓自己像火箭一樣，脫離地心引力，越飛越高。

這些就是真正有錢人的賺錢邏輯和思維，你若具備其中的幾種，也可以積累一定的財富。**人追錢會很累，錢追人才容易**。具備賺錢思維，具有吸金體質，才能把財富吸引到自己身邊，進而高效的獲取財富。

■賺錢快的人都具備這些思維

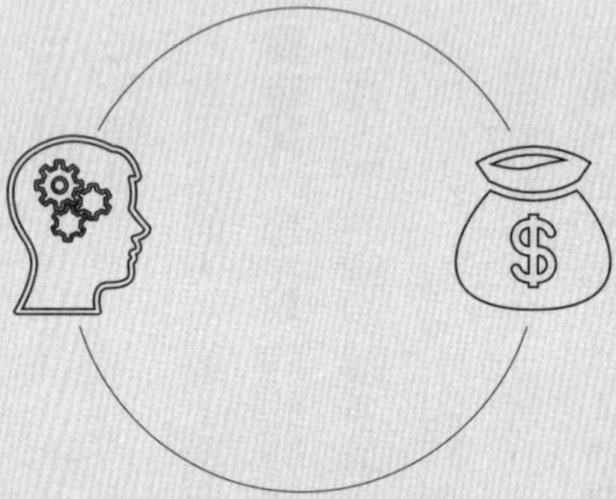

掌握了賺錢的思維，你就會進入賺錢的正循環。

超經典的賺錢思維

1. 專業思維
2. 精益思維
3. 長期思維
4. 圈子思維
5. 利他思維
6. 模仿思維
7. 矩陣思維
8. 差異思維
9. 複利思維
10. 時間思維

9 一定要避開的認知陷阱

在職場上，我聽過的最大謊言，就是工作越努力，賺的錢越多。

按照這種思維，若想讓收入向上翻五倍，是否意味著要增加五倍的工作量？我相信很多人有這樣的想法，且在其職業生涯中，習慣用時間換取金錢，卻從未想過利用自己的背景、經驗、資源、人脈等提升收入。這就是陷入了財富陷阱。

什麼是財富陷阱？其實就是你陷入一個單一的收入模式，只想靠更多的重複方式追求財富。如果對這種思維追根溯源，可能從我們學生時期就開始了。

上學期間，常聽到「寒窗苦讀十餘載，金榜題名望今朝」、「寶劍鋒從磨礪出，梅花香自苦寒來」等詩句，意思是只有吃夠多苦，未來才有好日子。所以古往今來，人們都認為一個人在獲得成功、富有之前，必須吃很多苦。

但這不能證明你比別人優秀，只能證明你比別人強一點。只要比別人強，你就能脫穎而出。在這種思維影響下，人們往往認為，只要自己比別人更多努力，收入就更高。這種停留在一維的思考與認知，使很多人都落入財富陷阱之中。

以前我很喜歡跟同學、朋友聚會。但後來我發現一個問題：當我提出一個疑問或觀點時，有些人總會立刻否定我。後來我明白了，當一個人根深柢固的認為，一件事只有一個正確答案時，他就會踏進陷阱中，導致他的大腦再也無法容納更多有意義、有價值的東西。

如果你也停留在以上的思維和認知，就表示你的思維和認知都太古老了，這種單一的思考方式，不僅會影響你對事物的理解和判斷力，使你變得固執、狹隘，進而影響財富觀念，讓你始終停留在靠時間甚至靠體力，換取金錢的認識模式上。

既然如此，我們能不能擺脫這種財富陷阱，或者避免陷入其中？

完全可以。按照下面我教你的方法，你完全可以遠離財富陷阱。

首先，增加知識量。閱讀是提升認知水準最好的途徑之一。書讀得少，見識便受限、思維淺薄，在面對生活中的諸多問題時，也難免會陷入狹隘的認知局限。

有人可能會說，自己平時太忙了，沒有時間讀那麼多書，怎麼辦？

其實除了讀書之外，還有一種非常有效的提升認知的途徑，就是知識付費課程。現在的網路平臺上有各種課程。很多人以這種方式學習，希望借助他人的知識和經驗，擺脫過去的認知水準，不斷提升自己的認知，適應這個社會的發展。

所以，我們也可以找一個正確的人或課程學習，並且學習整套的思維邏輯，努力讓自己擁有多元思維、提升認知。這樣你在面對困難時，才能從更高認知層面去思考和解決問題，而不會陷入單一陷阱中無法自拔。

其次，擺脫安逸的生活。

我在講課時，經常遇到一些二十多歲的年輕人來諮詢，但他們諮詢內容不是如何創業、如何提升自己，而是怎麼做才能在公司裡待得更穩定。

每次遇到這類問題時，我都很無奈。這個年紀本應該是學知識、闖世界的好時期，他們卻想著讓自己過得更安逸。

所以，我問：「你喜歡安逸還是拚搏？」

他們回答：「我現在想要穩定一點。」

我再問：「那你想當普通人還是不普通的人？」

他們又答：「肯定想做不普通的人。」

你看，這就出現矛盾：你不想做普通人，卻又喜歡安逸、穩定的工作和事業。

當一個人的核心認知和核心動作出現巨大問題時，他註定無法成為一個不普通的人。因為**任何一個不普通的人都是不停的折騰**，哪怕是在生活中，跟一大群人在一起時，他也永遠是那個指揮者、安排者，而不是一個安安穩穩坐在一旁等待別人安排的人。你想成為一個不普通的人，至少做一些不普通的事才行。

最後，捨得放下面子。

我有一個同學，從上學時就很有能力，我一度把他當成偶像。後來在一次同學聚會上，我聽說他在職場上做得不太理想，想幫幫他，於是邀請他來我的公司，結果他推三阻四一直沒有來。

去年，我又聽說他失業了，因為他的專業太傳統，包括他的思維方式，也一直停留在二十年前，無法再適應現在職場的各種需求。我再次邀他來我這裡上班。

有一次，我們公司舉行大型活動，我特意向他發出邀請，希望他能過來看看我們的客戶都有誰、我們是一家做什麼的公司，繼而留在這裡工作，但他還是沒來。後來我跟一位同學聊天時，說起他的情況。同學告訴我，他一直拒絕是因為太要面子，不好意思，覺得跟我在一起會讓他不舒服。

這件事讓我頗有感觸，一個人一旦陷入認知陷阱，可能就不願意再與比自己強的人接觸，覺得這是很丟面子的事。但真正有認知思維的人，哪會在意自己的面子重要不重要。他們更在意的是，如何讓自己的生活過得更好，如何與更多優秀的人接觸，獲得更多的資源，進而提升自己的認知和格局。

要避免陷入財富陷阱，你要努力把自己變成一個多元思維的人，尋找多種發展管道，而不是只依靠時間和努力來換取金錢。靠時間和努力，雖然能讓你暫時獲得相對穩定的收入，但一旦停止勞動，你就會停滯不前。

■ 一定要避開的認知陷阱

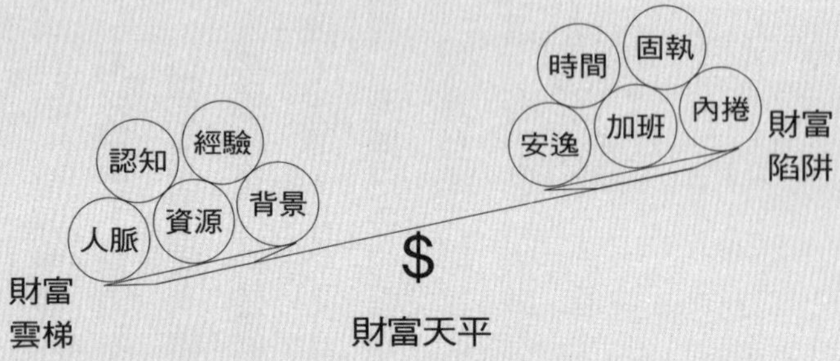

遠離認知陷阱：

- 首先，增加知識量，突破認知下限。閱讀是提升認知水準最好的途徑之一。書讀得少，見識難免受限，思維難免淺薄，在面對生活中的諸多問題時，也難免會陷入狹隘的認知局限。

- 其次，擺脫安逸的生活。因為任何一個不普通的人都在不停「折騰」，哪怕是在生活中，跟一大群人在一起時，他也永遠是那個指揮者、安排者，而不是安穩坐在一旁等待別人安排。

- 最後，捨得放下面子。真正有認知思維的人，不會在意自己的面子重要不重要，他們更在意的是如何讓自己的生活過得更好，如何與更多優秀的人接觸，提升認知和格局。

一個人知道自己為什麼而活，就可以忍受任何一種生活。

（按：內捲原指文化發展到一定水準後，無法突破自身，只能在內部發展，之後引申為付出大量努力卻得不到同等回報，因過度競爭，導致人們相互傾軋、內耗。）

重點整理

1. 真正富有的人，不僅是用錢賺錢，更是用信用賺錢。
2. 讓自己花的每一分錢都事出有因，保證每一分錢都用在刀口上。
3. 真正決定你能長時間拿到高收入的，從都不是那些短期的風口和紅利，而是那些複雜事和複雜工作。
4. 對一個人的尊重，比愛和同情更重要。
5. 學不會溝通，做不到傾聽，很難獲得機會和財富。
6. 財不入急門。把眼光放長遠，同時捨得輸出對別人的信任和賞識，成功和獲利的機會才會越來越多。
7. 運氣不是等來的，而是自己一點一點設計來的、爭取來的。
8. 賺錢的本質就是在賣時間。

第五章

從領導自己到帶領部屬

1 提升領導力的四關鍵

創業的道路通常有兩條：一條的存活率僅為一〇％，其中充滿挑戰，但也充滿希望；另一條則是近乎九〇％的淘汰之路。如果你是創業者，想擺脫被動局面，勇往直前，最大限度的實現人生價值，你會怎麼選？

創業的艱辛程度難以想像，有創業經歷的人一定深有感觸。我身邊有一位知名的商業巨頭，他曾告訴我，在創業最艱難的時候，他常常感覺自己生不如死，但又不甘心放棄，陪伴他們邁向巔峰的就是這種痛苦掙扎。只有內心足夠強大的人，才能走完這段路。

雖然創業艱辛，但很多人還是會毅然決然的踏上這條路。他們內心有自己的企業家偶像，尤其是那些具有傳奇經歷的企業家，其個人領導力對整個企業乃至行業的深遠影響，已成為企業文化的沉澱，流傳數十年甚至更久。但大家會發現，一些企業家在成功之後，經常會向大眾介紹具體的領導方法，如溝通技巧、員工激勵，以及如何提升個人影響力等。儘管這些技能可強化創業者的領導力，但我認為這些內容都屬於戰術層面，而非戰略層面。正如一幢漂亮的房屋，建造它的磚瓦固然重要，但這個房屋的結構更關鍵。結構決定基本框架，倘若結構出問題，再華麗的裝飾都沒意義。

經過長時間的深入研究，以及我個人的工作經驗和創業經歷，我總結出了從戰略層面提升領導力的四個關鍵性因素。

1. 駕馭自己

領導者的首要任務是領導他人，但**領導者最先要領導的應是自己**。

管理與領導的區別在於，管理是透過管理工具控制或驅使他人被動的行動，而領導則是藉由自身影響力感染和激勵他人。所以，領導者要求別人主動投入工作，自己必須率先示範。比如說，領導者要求部屬誠信，自己就必須先做到誠信；若要求部屬在工作中全力以赴，自己也必須先做到。假設領導者無法做到身體力行，只會要求員工，那麼只能稱為管理者，而非領導者。

華為創始人任正非在給員工的一封信中，有一段很著名的話：「要在茫茫的黑暗中，發出生命的微光，帶領著隊伍走向勝利。戰爭打到一塌糊塗的時候，高階將領的作用是什麼？就是要在看不清的茫茫黑暗中，用自己發出的微光，帶著你的隊伍前進；就像丹科（按：世界著名作家高爾基的短篇小說《丹科》的主角），把心拿出來燃燒，照亮後人前進的道路。越在困難的時候，高階幹部就越要在黑暗中發出微光，發揮主觀能動性，鼓舞起隊伍必勝的信心，引導隊伍走向勝利。」

許多領導者花費大量的心思去領導別人，卻忽略了自己才是最重要、最應該被領導的人。如果自己無法很好的領導自己，也註定無法領導別人。

2. 探索使命

管理大師杜拉克（Peter Druker）有著名的「經典三問」：你的事業是什麼？你的事業將是什麼？你的事業究竟是什麼？我認為，所有的領導者都應該回答這三個問題。一個合格的領導者，不但應是團隊的組織者，還應是企業使命和願景的傳達者，要確保員工能在了解企業使命和願景的前提下，自動自發的投入工作。

當部屬了解領導者工作的目的、意義和長遠目標時，他們才會更加信任、更願意追隨領導者。同時，領導者還要激發和協助部屬制定他們的使命與願景。

使命不僅是利他行為，本質上更是一種自我管理能力，它可以協助我們整合自身資源，集中關注對社會、對他人有價值的事業，從而持續的創造價值。當工作成為員工使命的一部分時，他們才會感受到工作的意義，也會更加主動投入工作中。

企業的使命就是企業戰略的起點，職場人士的使命則是他們成功的起點。幫員工找到並實現其使命的領導者，才是員工生命中的貴人。當領導者找到組織的、自身和員工的使命的交叉點時，三者的能量才會產生核聚變般的效應。

3. 成為導師

領導者不但要做員工的教練，專注傳授專業知識，在具體的工作和業務上給予有益的指導，還要做員工的導師，在傳道授業解惑的同時，對員工的未來成長進行輔導，向員工傳遞企業價值觀和方法論。

如今，特定的業務知識逐漸被淘汰，但許多知識背後的理念和方法是長久不衰的。舉個例子，一個過去在報社工作過的人，如果他的知識僅限於報紙這一載體，那麼隨著傳統媒體的衰落，他的知識就會變得毫無價值。但若他能掌握傳播的理論，即使報紙消失了，他的知識也依然可以在媒體領域內發揮作用。

絕大多數的管理者都秉承著目標導向的理念，為員工設定KPI（關鍵績效指標），以驅動員工自我管理。KPI自然很重要，但如果員工缺乏良好的工作習慣，企業績效僅透過激勵才能達成，那麼員工的工作熱情會慢慢消退。這對於企業的長遠發展非常不利。

反之，員工如果能養成良好的工作習慣，就能理解努力工作與實現績效之間的因果關係，也就會更願意為「果」負責。當員工為「果」負責得越來越多，工作的「因」也會變得越來越強，由此也更能確保企業業績的穩定與增長。

與一次性投資抓績效的目標相比，培養員工良好的工作習慣才是長期投資，且回報也是長期的。這不僅可以帶來長期穩定的績效，還能培養人才，成就員工、組織，甚至是更偉大的領導者。

4. 即時回饋

領導者應該根據員工的實際工作情況及時給出回饋，而不是等到年終評估時才告訴員工這裡不好、那裡不對，以及哪些地方需要改進等。只有即時回饋，才意味著領導者隨時關注員工表現，並針對他們的表現給出相應獎懲。

這有點類似在學校裡做的各種測驗，老師會根據學生的成績分析其所掌握的知識，並根據他們的不同表現給出相應回饋，比如要加強哪些知識等。如果老師都到期末才回饋，不及格的學生只會越來越多。及時給予回饋，不僅能讓員工感受到領導者的關心和幫助，還能發現自身價值，從而獲得更多的滿足感和成就感。但有些領導者的確做不到，我把這種情況歸結三個原因：

- 沒關注員工的工作，只看結果，所以無法提供即時回饋。
- 不了解員工的業務，也就無法給出及時有效的回饋。

• 不願意得罪員工，沒有勇氣對員工提出負面回饋。

如果領導者缺乏幫助員工成長的初衷，即使發現員工有問題，也會睜一隻眼、閉一隻眼，最後只好用績效來代替回饋，這樣很難激發員工工作的主動性和積極性。而員工長時間得不到回饋，便認為自己的工作沒有問題，但到季度或年度考核時，卻發現績效被評為不合格，便非常憤怒，甚至覺得領導在故意針對自己。

可見，即時回饋非常重要，從某種程度上來說也是一種對員工的激勵。如果領導者對員工只注重物質層面的獎勵，而忽略精神層面的獎賞，那是很失敗的事。這兩者對於員工來說同樣重要。我經常聽到我的員工說，他們至今還珍藏著十多年前公司給他們頒發的獎狀。

遺憾的是，現在很多領導者都缺乏運用即時回饋來建立自己的領導力。殊不知，回饋的目的是使員工更好的成長，以成就自己的影響力，成為一個名副其實的領導者。

■ 提升領導力的 4 關鍵

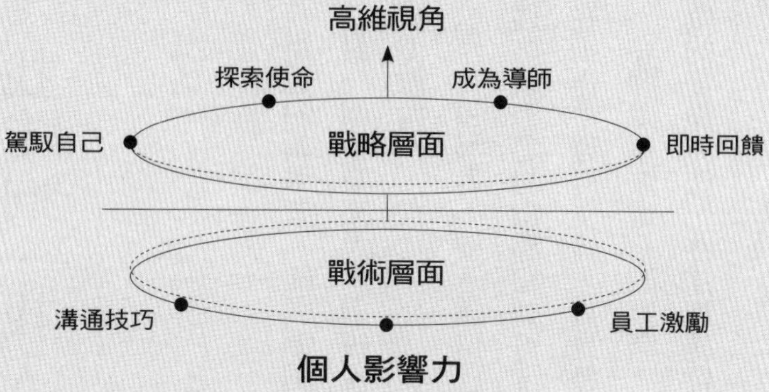

戰略層面提升領導力：

- **善於駕馭自己：**

管理與領導的區別在於，管理透過工具控制或驅使他人被動行動；領導則是利用自身影響力感染和激勵他人。

- **善於探索使命：**

合格的領導者不但是一個團隊的組織者，還應是企業使命和願景的傳達者，要確保員工能了解企業使命和願景的前提下，自動自發投入工作。

- **成為導師：**

當員工為「果」負責得越來越多，工作的「因」也會變得越來越強，由此也更能確保企業業績的穩定與增長。

- **能夠即時回饋：**

即時回饋非常重要，如果領導者對員工只注重物質層面的獎勵，而忽略精神層面的獎勵，那是很失敗的事。物質獎勵與精神獎勵，對員工來說同樣重要。

2 找方向、找人、找資源

卓越的領導者，能引領團隊邁向成功。

對一個企業來說，選拔優秀的員工固然重要，但更關鍵的是，要想辦法逐步激發員工潛力。

作為領導者，要意識自己在員工的工作和生活中扮演的角色。大多數員工都渴望獲得領導者的指導和認可，並獲得一定的晉升機會，因此，管理好團隊並確保員工在工作中獲得支援，更是領導者的主要職責。

在閱讀相關書籍的同時，我與五百多位管理者深入的溝通和交流，總結十二個有效的實操方法，在這裡提供領導者學習和借鑑。

1. 賦予員工在工作中的自主權

作為領導者，你不需要什麼事都手把手的教員工怎麼做，只需指明任務的目標，他們就能用自己獨特的創意為你帶來驚喜。因為當你指明任務目標後，員工就知道你很信任他們，能確信他們的工作品質、時間管理能力以及尋找完成任務所需資源的能力等。給予員工充分的自主權，還能激發團隊成員在解決問題的時候相互協作，發揮創造力，從而產生強烈的激勵作用。

2. 成為典範，命令僅能指揮人，榜樣卻能吸引人

身為領導者，在工作中作為榜樣，是你的使命之一，這將影響著你在辦公室中的行為。要做好榜樣，你務必確保為自己設定的標準要與團隊成員的一致，甚至比對團隊成員的要求更高，恪守自己的責任和公司價值觀。

比如，你告訴團隊成員要重視專案截止的日期，就必須確保自己不會在工作中掉隊；你強調員工要準時上班，那你在他們之前到，或與他們同時到達公司就至關重要。這樣，你才能為整個團隊定下基調，明確自己的期望。

3. 須與員工個體和諧共融，包容人性的多樣化

每一個領導者都有自己獨特的領導風格，但也必須具有博大的胸懷，允許員工有多樣化的人性，並根據員工需求巧妙的調整管理風格，避免企業淪為簡化員工個性的流水線。史丹佛大學的一項研究表明，領導者在適應不同員工和環境時，可以更加有效的解決問題，並與管理對象建立深厚、緊密的關係。

4. 領導者犯錯，勇於道歉和承認錯誤

無論多麼優秀的人都會犯錯，但作為企業的掌舵者，領導者犯錯後一定道歉和承認錯誤。尤其在一些關鍵時刻，勇於道歉、承擔錯誤的領導者，更容易贏得員工的信任，繼而更好的領導團隊。

哈佛大學的一項研究表明，領導者在管理團隊時，最重要的是讓團隊明白，領導者並非無所不能，也可能會犯錯。領導者在承認錯誤時，也要賦予員工同等的自由，將其視為學習機會。這樣一來，團隊與領導者的關係就是長短板結合，而不是博弈。

5. 控制好情緒，冷靜決策

在很多時候，領導者更容易陷入團隊錯誤或成功中，受到情緒控制，做出激進或消極的決策。

麻省理工學院的研究顯示，領導者需要努力保持冷靜，面對錯誤時，避免貿然下結論。在獲得成功時，也不可在團隊尚未做好準備的情況下，做出非理性、激進、操之過急的決策。

6. 善於選拔人才、重用人才

許多企業領導者經常把自己的工作安排得很滿，凡事都親力親為，力求完美，其實這很容易讓他們陷入困境中，既不能把每件事都做好，還無法培育出優秀的團隊，更無法激發出團隊成員的才華和能力。優秀的領導者之所以優秀，就在於他們善於選拔人才和任用人才。用人時，也是思考某個人能發揮何種作用，而不是考慮滿足職位的要求。

麻省理工學院的研究表明，優秀的領導者會將重心放在選拔人才與機制的設計上，因為即使員工工作表現出色，仍有可能存在潛藏的才能。所以，領導者要盡量與員工會面，了解其興趣和優勢，為他們創造自主的工作環境，確保員工充分發揮潛力。

7. 與團隊一起經歷患難

領導者獨當一面，但個人的力量終究有限。許多企業在發展到某個階段時，都會迎來非常好的局面，這時員工往往都以領導者為核心，團隊凝聚力和目標感十足，短時間內也能有效率的解決問題。

但隨著企業規模的不斷擴大，眾多企業便逐漸出現績效管理混亂、增長乏力等問題。這時，作為核心領導層，問題集中爆發時，應積極融入團隊中，與成員並肩作戰。只有始終從團隊角度去審視問題，才是領導者該做的事情。

當團隊面臨挑戰時，領導者也要深入戰鬥，為團隊貢獻力量，與團隊共患難、共同慶祝勝利。當員工感受到領導者關注團隊成果，了解成員互動的方式時，才能加深彼此間的信任關係，戰鬥力也會倍增。

8. 學會投資員工、培訓員工

在企業中，投資、培訓員工，是企業風險最小、回報最大的戰略性投資。招募現成的優秀員工只能為企業帶來短期收益，真正具備長期價值的行為，是在企業內部建立有益於員工成長的良性體系與機制。

哈佛大學的研究曾指出，企業應定期收集員工培訓的需求，傾聽一線員工的聲音，制定培訓計畫，並安排活動，確保員工獲得適當的培訓，擁有所需的資源，並優秀的完成工作；鼓勵員工與同行業志同道合的人參加會議和研討會，從他們身上汲取經驗，為企業發展貢獻力量。

9. 慎重選擇團隊成員

俗話說：「道不同，不相為謀。」意味著意見或志趣不同的人難以共事。

企業的團隊文化與氣質，是團隊持續提供生產力的重要標籤，由於團隊成員需要日常共事，彼此的活力和工作氛圍至關重要，所以在招聘員工時，就要考慮到每個人的個性以及可給工作場所帶去的影響。

要招聘那些內心能真正融入團隊並能協助團隊成功的人，而非那些擁有豐富經驗，但與團隊核心理念與價值觀格格不入的人。領導者要聚焦選拔人才、投資員工及團隊合作，與團隊共度風雨，共享成功。如此才能提高團隊的凝聚力和戰鬥力，進而帶領團隊走向成功。

當然，在這個過程中，領導者要保持適度的謙遜、冷靜的頭腦，並深刻關注團隊成員的成長，將這些要素融入領導風格當中，可以幫助團隊在未來的發展道路上取得更好的成就。

10. 善於為團隊提供解決問題的資源

很多領導者在企業出現問題後，大發雷霆，嚴厲的指責部屬。其實，此時最應該做的是深入了解問題本質，弄清問題出現的原因到底是團隊能力、方法還是資源支持出問題。

在一個龐大的組織體系中，獲取資源是一個很有挑戰性的問題，為了取得團隊任務的勝利，員工需要獲得適當的設備和資源，缺乏這些，員工就很容易感到被忽視或者不成功。所以，領導者應學會保持與團隊工作內容的溝通和洞察，在團隊工作受阻時及時提供支援。

11. 不讓團隊過度內捲，幫助員工平衡好生活與工作

員工真正的快樂，源自對生活的樂觀、對工作的熱愛和對事業的熱忱。許多領導者雖然口頭上經常鼓勵員工要平衡工作與生活，卻不能身體力行，殊不知，過度投入工作反而會降低效率。為此，領導者應嘗試在合理的時間裡與員工一起放鬆，並且將娛樂與工作劃分界限。

12. 有強大的應變能力

企業在發展過程中，會遇到各種變化和突發狀況。但這些並非全是威脅，領導者要具備應對突發狀況的能力，比如員工辭職、專案超出預算，以及各式各樣可能預料不到的情況。在這些場合下，你要迅速決策出最佳的前進方向，了解何時需要改變方向至關重要。

具備強大應變能力的領導者，可以成為團隊裡的中堅力量，面對巨大的困難和挑戰時，也能為團隊帶來安定，化險為夷，甚至創造出新的機遇。

對於每一位領導者來說，上述十二條實操方法都應成為你的必修功課。我甚至認為，應將這些方法完全記在腦海裡，並形成條件反射，這樣才能在應用時達到最佳效果。

一個卓越的領導者，總的工作原則應該是抓大放小。我一直強調，**領導者最重要的三件事情是找方向、找人、找資源，並且這個順序不能錯**。方向正確，團隊優秀，資源就會主動找上門來。

所以，領導者要努力加強這些能力，成為一個可以點燃員工激情、帶領企業不斷上升的帶頭人。

■領導者最重要的三件事

卓越的領導者，是引領團隊邁向成功的人。

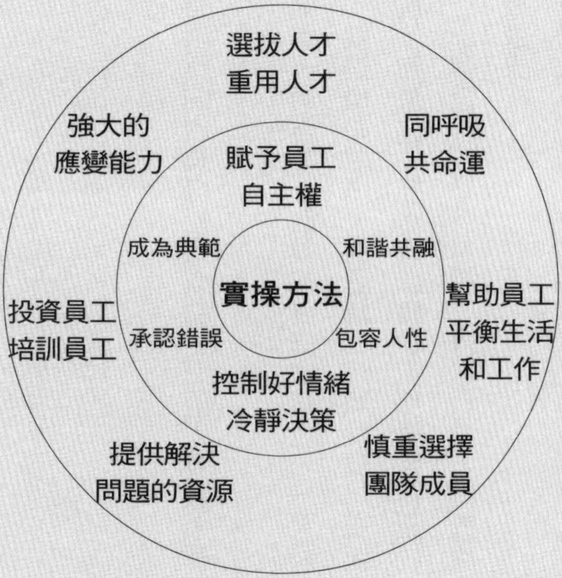

3 如何讓你的時間增值？

為什麼有些企業家、領導者可以在有限時間內獲得巨大成功，而絕大多數人都難以實現這一點？

關於這個問題，著名企業家李嘉誠給了一個答案。他曾在自傳中寫道，一天只有二十四小時，如何才能完成所有事情？就是優先順序。他認為，時間就像一瓶裝滿了大石頭、小石子、沙子和水的玻璃瓶，如果你先把水倒進瓶子，那麼大石頭、小石子和沙子就沒辦法放入更多；相反，如果你先放大石頭，再放石子，再放沙子，最後放水，那麼所有東西都能很快放進去。

有人會說：「這個道理很簡單，沒什麼大不了的。」

那麼我要問：「既然你也知道，為什麼沒有實踐？」

厲害的人與普通人的區別就在於，厲害的人知道簡單的事情才重要，而普通人認為複雜的事情才重要。根據二八原則，八〇％效果是由二〇％原因產生，同樣，工作中也只有二〇％最重要，但它可以產生八〇％效果。這就意味著，優秀的領導者必須確定優先處理這二〇％的重要的工作，以獲得最大效果。

時間對於每個人來說都有限，也公平，我們必須聚焦於最重要的事情。**事情並不是做得越多越成功，而是做得越少、越精練才能取得更大的成功**。那些優秀的企業家、領導者，就是懂得設置處理事務的優先順序，透過確定和處理最重要的任務，有效利用時間，從而取得了卓越的成就。

優先順序是一種可以經由反覆實踐而形成的良好習慣，可以幫助我們更有效的利用時間，提升生產力。李嘉誠曾說：「只要把重點放在最重要的事情上，時間就會利用得很有價值。」任正非也說過：「不要在非戰略機會點上消耗戰略性資源。」這句話與把時間先用在最重要的事情上，是同個道理。

當然，這不是說忽略、不用做其他事情，而是要按照重要程度來安排時間。除了重要事情外，我們可以把其他事情放在次要位置，或者委託其他人處理，從而讓自己有足夠多的時間和精力執行最重要的任務。

在這個問題上，海爾集團創始人張瑞敏提出的「三選一原則」很值得我們借鑑。簡單來說，就是每次只選擇其中三件最重要的事情來完成。海爾發展初期，張瑞敏面臨很多緊急的任務和問題需要處理，他意識到，自己無法同時處理所有事，因此分類所有問題再篩選，藉由這種方式集中精力和資源處理重要問題，推動著公司向前發展。

與張瑞敏處理問題的方法相似的，還有聯想集團前CEO柳傳志。他提出了「每天必須考慮五件事」的概念，即每天必須完成五件重要的事，以確保自己都可以處理完最重要的任務。這五件事包括參加會議、處理郵件、關注業務的發展、社會上的應酬，以及與員工一起溝通學習等。

以上兩位企業家利用時間的方法，都在提醒我們要學會排列任務的優先等級，不僅要考慮任務的緊急程度，還要考慮任務的重要性。這既能幫助你更加有效的完成任務，也能減緩你面對較多工時的壓力和焦慮，同時避免在一些次要的事情上花費太多的時間和精力，讓自己可以更加專注、有條不紊的完成任務。

在日常的生活和工作中，企業領導者也可以借鑑這種方法來處理自己的事務。具體來說，可以按照下面的步驟進行。

首先，列出任務清單，並按照任務的重要程度進行排序。

你可以先如實記下自己在一段時間內（如一天、一週等）要完成的任務。這個步驟就像整理衣櫃，最重要的是找到所有的「衣服」，確保沒有漏網之魚。當所有任務都呈現出來後，再一一分類這些任務，找出這段時間內最重要的任務。

其次，確定最重要的任務後，接下來就規畫時間並一件件的處理。你可以按照任務的重要程度和緊急程度分類，並優先解決那些既重要又緊急的任務。在這個過程中，一定要盡量保持專注，減少干擾和分心，確保高效完成任務。

最後，定期復盤任務清單，根據需要進行調整。

任務完成後，你還需要定期回顧和復盤任務清單，看看自己在某段時間內都做了什麼，是否按原計畫完成各項任務。如果沒有，原因是什麼？應該怎樣改進？之後再根據實際需要進行調整。

我可以用一個小故事，跟大家分享我如何處理每天面臨的各項任務。當我處理那些重要且緊急的任務時，我完全不看手機，甚至切斷一切通訊設備，讓自己進入思考狀態，專心的處理眼前的工作。甚至在我要寫課程、方案時，我會先給自己一個小時的「助跑」時間，在這一小時裡，我完全不看任何通訊工具，不看任何郵件和新聞。簡單來說，就是完全斷網，並與家人、同事提前說好，盡量不要來打擾我。助跑時間可以讓我快速進入一個安靜的氛圍中，之後開始工作時，我也能迅速進入狀態，一件重要的事情可能只需要十分鐘，就能高效完成。

可見，用最佳的精力處理更重要的事情，就會給你帶來更好的結果。作為領導者，**成功就取決於在重要的時間做重要的事，而不是做很多的事**，這樣才能讓你的時間更值錢，讓你的領導工作更高效。

■ 如何讓時間增值？

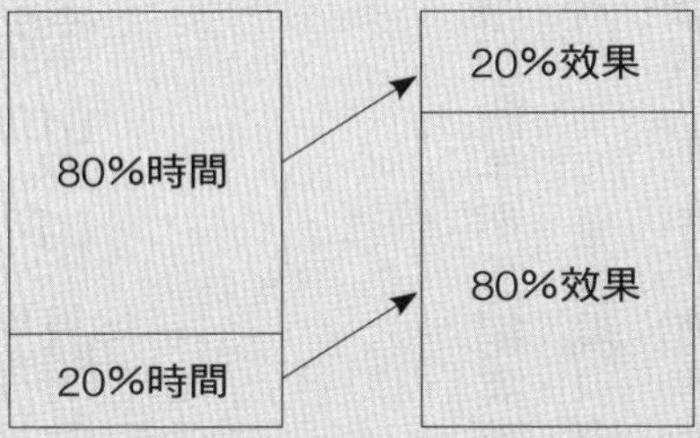

優秀的領導者須確定先處理工作中最重要的部分，以獲得最大效果。

1 先列出任務清單，並按照任務的重要程度排序。你可如實記錄自己在一段時間內（如一天、一週等）要完成的任務，並一一分類，找出這段時間內最重要的任務。

2 確定最重要的任務，接下來就規畫時間，一件一件的處理這些重要的任務。

3 在任務完成後，你還需要定期回顧和復盤任務清單，看看自己在某段時間內做了什麼，是否按原計畫完成各項任務。

作為領導者，成功就取決於在重要的時間做重要的事，而不是做很多的事。

4 創業要低起步、高抬頭

找到競爭對手不是創業者的目標，而是達成目標的手段。創業的終極目標不是超越競爭對手，而是實現自己的願景。

我在講課過程中，經常有學員問我：「老師，我現在三十多歲了，想要自己創業，該怎麼做？」很多人走上創業之路，最初動機是改善自己的經濟狀態，改變自己的命運。但要創業，你首先要有自身優勢，比如你的嗓音好聽，外形好，形象和談吐也很優秀，而且你在自己愛好的領域中還能挑出來的強項或優勢，如健身、懂軟體、會行銷等。

現在是一個平權的時代，每個人都有機會在大眾面前展現自己，在網路發展的過程中找到自己的位置，所以越來越多的人會選擇透過創業來展現自己。只是創業並非易事，有機遇也有競爭，而且競爭非常激烈。簡單來說，創業如同逆水行舟，在競爭中沒有進步，你就可能被市場所淘汰。

當然，每個熱情創業的人肯定都希望能成功達成目標，而想要成功創業，我有三項建議：

1. 組建自己的創業團隊

我曾多次創業，現在回想起來，那時的我是「槓精」（按：總是挑剌、愛唱反調），因為別人跟我說什麼，我都聽不進去，還覺得他們的想法都不對。後來我發現，我身邊的人越來越少了，遇到問題沒人幫我了，這時我才發現自己有多糟糕。坑是我自己挖的，也是自己跳下去的，沒有一個是社會給我的，原因就是我對自己過於自信。好在後來出現了一個重要轉折，我才開始繼續跟別人合作，組建自己的創業團隊。

在很多人看來，創業第一個要解決的問題是資金，其實不是。有些時候，**缺少資金反而是我們最大的優勢**，因為我們可以拉人投資。真正要解決的**第一個創業問**

題，**是學會借助身邊人的智慧、智力和資源**。具體來說，就是先劃分自己的人脈圈層，區分出誰可以成為你的合夥人。例如，你的專業能力很強，但營運能力弱，這時你就要找一個營運方面強的人合作；你做產品方面強，但是銷售能力弱，那就要找一個銷售方面能力強的人合作。

接下來，你就可以組建自己的創業團隊了，這是創業非常核心的事。柳傳志曾提供一個非常重要的邏輯：搭班子、定戰略、帶隊伍。這個次序不能打亂。其中，搭班子是找到能跟自己合作的人，然後大家湊在一起，集人心、人力、人才於一體，再商定這件事該怎麼進行。比如說，我在健身方面有優勢，可以帶著大家一起健身，那麼我可以貢獻自己的專業、時間和能力，塑造一個大家共同的願景和價值觀，然後讓大家一起來完成這件事情。

很多人在創業時，一開始是自己做，成功後再招一堆人來做，這是錯的。我要提醒所有有創業夢想和創業想法的人，你先湊錢開公司，再招聘員工來做事，這個順序反了。因為在招人時，看到別人的簡歷，你會習慣性的招自己喜歡的人，比如某個人學歷高、銷售能力強……但實際上，我們最先找的應是那些喜歡我們的人，大家一見面就感到很開心，也願意一起做一些事，這樣的人才能一起創業。有人雖然學歷高、能力強，可是一見面就感覺不爽，那無法共事。

把場域、能量建立起來，找到一群志同道合的人，才是創業的第一步。有了創業的班底，做事時才能突飛猛進、一日千里。

2. 找好項目，持續朝向一個方向努力

在創業過程中，第一步是融人，第二步就是融資。如果發現團隊資金緊缺，無法開展主業，就先找一些超額的高毛利項目去做。等融到資，再做主業。

在我的職業生涯中，曾在頂級外資公司科特勒諮詢集團（Kotler Marketing Group）做諮詢顧問，我當時應聘，第一次面試時，面試官問的問題，把我問傻了：「今天的原油一桶多少元？」我當時完全不知道。他接著問：「今天的黃金一盎司多少元？」我也完全不知道。結果可想而知，我應聘失敗了。

但我當時就想進這家公司，於是退而求其次，成為這家公司的銷售人員。隨著我的銷售業績不斷提升，我終於引起公司主管的注意，最終我如願以償的成為公司

的諮詢顧問。

這段經歷也讓我學到了更多的創業經驗，後來自己創業時，我會先找一個賺錢的項目做，等賺到錢後，我再用錢去拓展自己的人脈和各種資源，尋找更好的創業機會。用這種「曲線救國」的方式創業，才更容易成功。

3. 明確自己創業的最終目標

在確定了自己的創業主業後，我們要明確自己創業的最終目標。比如我做教育，這就是我一輩子的主業。未來不論出現什麼變化，在我能力和資源足夠的情況下，我會永遠把教育作為自己的主業。

創業需要有規畫和人脈，更要有目標，還要讓目標落地，這樣成功率才會高。

創業最忌自己幹，一旦遇到困難和風險，可能一點抵禦能力都沒有。如果用一句話來總結創業歷程，就是：低起步，高抬頭，中間出手拿現金。這就是我給大家的創業建議。

■創業要低起步，高抬頭

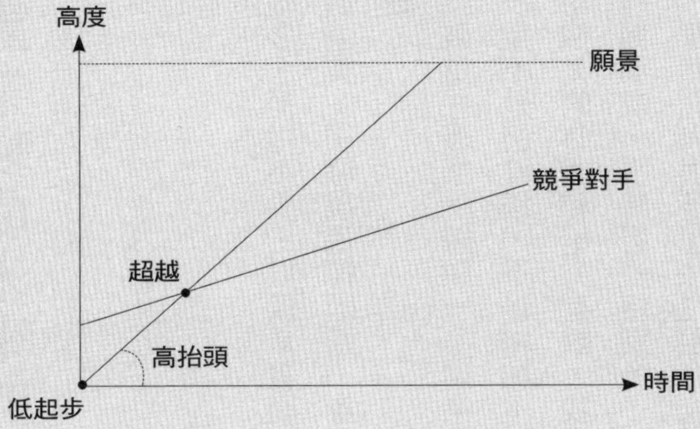

三條創業建議：

- 組建自己的創業團隊。真正要解決的第一個創業問題，是學會借助身邊人的智慧、智力和資源。
- 找好項目，然後持續向一個方向努力。在創業過程中，第一步是融人，第二步就是融資。
- 明確自己創業的最終目標。創業需要有規畫、有人脈，更要有目標，還要讓目標落地，這樣成功率才會高。

5 把副業變成未來的事業

學了很多，懂得不少，但職業發展內捲嚴重。想發展副業，卻發現選擇困難，身邊沒有領路人，不知該如何把副業變成自己未來的事業。

怎麼突破這些職業「瓶頸」？副業是什麼？

副業一定不是接外送，不是增加主業之外的附屬收入，不是每個月增加幾百元的菜錢。每個人的時間和精力有限，我們能做的事情也是有限的。

我有一個朋友，平時想法特別多，因此開了好幾家公司。我曾跟他說：「人的精力有限，雖然你有很多想法也很有能力，但開這麼多公司，你會忙不過來！」他一開始不相信我說的話，結果前幾天給我打電話：「你說得很對，我現在確實是應付不過來了。」

任何副業都需要占用業餘時間和額外精力，想把副業做好，首先就要選擇一個未來發展可以超過主業的副業，這樣的副業才有意義。

做副業很孤獨，主業有人和你一起管理、承擔，副業卻需要你單兵作戰。我在創業初期就非常痛苦，因為在職場中，出現決策錯誤或犯了其他的錯誤，我可能會被處罰，大不了丟了工作，再找一份新工作就可以了，但是在副業中，我所做的任何決策都要自己承擔後果；我花出去的每一分錢，都要自己負責。

所以，選擇副業一定要謹慎，要根據自己的優勢和實際情況來選擇。挑選副業不是選擇行業，不是說某個行業正處於巔峰，或發展很快、很強，我們就要跟進。任何行業都有好與壞、強與弱，既然選擇做副業，就要選擇一個最適合自己。

做好副業的一個前提，是需要找到一個好教練。

一開始做副業，你可能只是自己做，但慢慢你會發現，一個人做會犯錯，而且犯了錯還沒人指正，就會讓副業發展走向彎路。

要避免這種情況，我們要找到一個好教練，建立一個教練團，或者尋找一個好平臺，讓平臺帶著我們一起前進。讓有經驗的人帶領，省時省力，因為方法已經被千萬人證實過是有效的了。

還有最重要的一點，就是一定要找到一個可持續發展的行業。

很多人經常被「新興產業」一詞迷惑，認為這樣的產業才有市場前景。但我身邊一位非常厲害的朋友說：「不要追風口，追風口的都是被上一個風口淘汰的人。你看那些做菸草、搞能源的人追風口嗎？那些手裡握著大把資源的人追風口嗎？當然不追。因為人家所在的行業、所擁有的資源已足夠自己發展上百年了。」

這就提醒我們，副業要尋找那些穩定發展、穩定增長很多年、成熟且有大量需求的行業。我們是一個個體，不是呼風喚雨的人，也不是一上來就能做成騰訊、華為、阿里巴巴的人，所以風口與我們沒有太大的關係。**風口既能把「豬」吹上去，風停了也能讓「豬」掉下來**。個人的精力、時間、能力都有限，做副業不是為了冒險、博大，而是為了追求穩定和增長，追求個人能力的提升。所以，我們要去尋找已經被證明非常成熟的行業進入。

在講師培訓課上，我經常會講到蘋果。蘋果在發展初期並不順利，但後來靠

iPod隨身聽翻身。最開始的iPod沒有螢幕，就是個小方塊加一個耳機，記憶體大一點的會有iTunes平臺。當時，全世界幾乎每個人手中都有一個MP3，國內一些會技術的人甚至利用現成的外包裝、零部件、記憶體卡等設計自己的MP3。但蘋果在這種情況下，選擇進入了一個外人看起來已經非常飽和的行業。

蘋果為什麼選擇這樣一個成熟市場，而不選擇創新市場？因為蘋果擁有自己的設計能力和行銷能力，擁有自己獨特的體驗式商業模式。從表面上看，蘋果進入一個夕陽產業，而不是新興產業，但實際上，它同時進入的也是一個被全世界用戶都證明了的天量市場。在這個市場裡，它可以充分發揮自己的設計和管道優勢、體驗店模式等，這些成功都是建立在成熟的基礎之上。

對唐吉訶德來說，成功可建立在挑戰的基礎上；但對普通人而言，成功需要建立在成熟的基礎上。因為我們要的是穩定，不是拚搏。而足夠成熟的市場會保證我們在進入時，有足夠成熟的方法可以運用。

例如，若你想開一家線下體驗店，體驗創業的樂趣，我建議不要選餐飲，而是開超市。因為你看到好吃的就想跟著賣，這是一種很冒險的行為。一個企業最大的成本是創新，一個人最大的成本也是創新。你做了別人沒做過的事，很可能也需要承擔別人沒承擔過的後果。而超市是已被證明可以在市場上很好存活的行業，開了就不容易關，只要超市附近的人足夠多，你依靠超市就能有很好的盈利。

我在研討會課程裡還跟大家探討，如果你真想做副業，可以先從擺攤做，不要一下子拿出幾十萬元、上百萬元來創業。我身邊有很多大型企業的高階主管，年收入不低，結果公司一內捲，自己一膨脹，就從公司離職，出來創業。結果，有幾個朋友的店面還沒裝修完，就開始向我借錢，因為前期不做預算，還想把店裝修好一點，很快就花光積蓄。想繼續做下去，只能硬著頭皮四處籌錢。

「夢想創業」的反義詞是「實踐創業」。夢想創業是自己想靠夢想創業，實踐創業一定是有方法了才去做這件事。創業都是有方法、邏輯和層次。而很多創業者想的是租辦公室、買辦公家具、招聘新人等擁有一家公司，而不是在如何經營一家公司，這就是夢想創業。真正想把副業做成主業的，一定需要有人教、有人帶、有人管、有人幫，把夢想付諸實踐，才有可能讓事業落地，慢慢變成一份實實在在的事業。

■ 把副業變成未來的事業

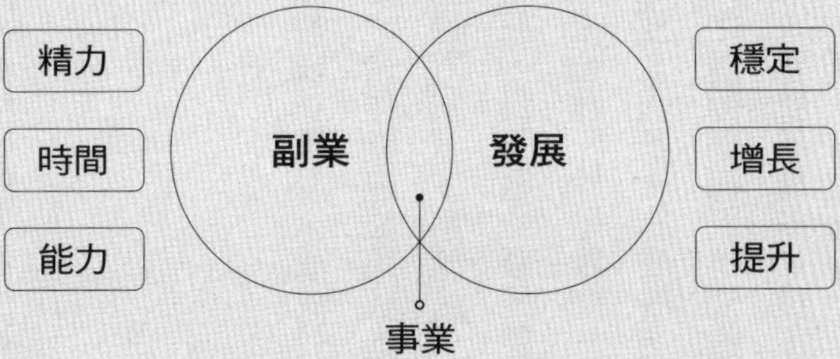

- 任何副業都需要占用業餘時間和額外精力，想把副業做好，首先就要選擇一個未來發展可以超過主業，這樣的副業才有意義。
- 做副業需要找到好教練。
- 人的精力、時間、能力都有限，做副業不是為了冒險、博大，而是為了追求穩定和增長，追求個人能力的提升。所以，我們要尋找已被證明非常成熟的行業進入。
- 夢想創業的反義詞是實踐創業。夢想創業是自己想靠夢想去創業，實踐創業一定是有方法了才去做這件事。

6 陪部屬聊天也是工作的一部分

團隊的成功與否，取決於成員之間的合作與思想契合程度。當團隊成員的思想不同步時，合作就無法順利進行。就像一群人試圖沿著同一條道路前行，但每個人都有自己的方向，註定無法一起同行。

多年前，我開過一家經營辦公用品的公司。隨著公司發展越來越快，我感覺管理起來越來越難。於是我向一位很厲害的企業家請教，我問：「大哥，現在我公司的發展速度太快了，怎麼辦？」我接著說了一堆的情況，比如高層合夥人不懂我話的含義，中層幹部每天不知道在幹什麼，基層員工完全不在狀態上……這樣一來，領導層的人意見不統一，員工肯定就會蒙。

對方聽完後，說了一段話讓我有如醍醐灌頂：「你說公司發展速度快，那你認為自己走得快叫快，還是大家一起走得快才叫快？若你想自己走得快，那麼你的公司永遠都是業務型公司，由老闆來養活團隊；大家都走得快，才是真正的團隊。

「用籃球隊比喻，你是得分手，但沒人傳球給你，你能投進球嗎？你不可能獨自打全場。所以，你現在必須等待隊友成長，想讓隊友快速成長，你要與他們經常溝通。除了平時開會，還要在其他時間多跟他們互動，與團隊時刻保持同頻。」

我聽完後便醒悟了，這就是認知。雖然我看了很多書，學過很多管理課，但直到自己開公司創業，直到跟這位企業家深入交談後，我才知道認知有多重要。

日本經營之神稻盛和夫寫了好幾本書，但書裡沒教一點管理方法，所有內容都是鼓勵大家一起做一件事。不管是他經營過的京瓷還是日航，業績較差時，他就帶著大家開會，搞精神建設、文化建設，讓所有人步調一致。當他把團隊的步調調整一致後，日航從馬上破產公司搖身一變，進入世界五百強公司。京瓷也是如此。

在創業過程中，當你已經做到領導人階段，那麼你最大的任務就是平衡好大家的關係。除了要平衡領導關係，還要平衡員工的心理。

我很喜歡維珍集團（Virgin Group）董事長理查・布蘭森（Richard Branson）

的著作《袒裎相見》（*Business Stripped Bare*），書中一句話徹底提升我的認知：「作為企業家、領導者，陪部屬聊天是你工作的一部分。」

在創業過程中，我們大腦中的內容每天甚至每分鐘都在反覆運算。面對創業團隊、合夥人時，他們看到的可能一直都是我們的後腦勺，根本看不到我們的臉，也不知道我們在幹什麼，這一定讓他們感到很苦惱。所以，我們一定要學會慢下來，與團隊成員保持高度同頻。在帶隊過程中，最重要的一點就是對團隊的陪伴。

現在我越來越意識到，在網路時代，陪伴十分重要，甚至勝過吃飯。管理也是如此，我們對部屬成長的陪伴，大於我們為他們提供一口飯吃。陪伴部屬，其實說明部屬解決的是狀態問題。如果不能陪伴他們，與他們的交流也僅僅局限在策略層面上，那麼雙方就可能會因為策略的不同而爭吵。優秀領導者會透過故事、狀態，來解決與員工間的問題，努力實現與員工同頻。

很多厲害的企業家都這樣做，他們會解決團隊的狀態問題，讓團隊狀態同頻，再讓大家的夢想同頻。這時，他根本不用管理員工，員工遇到問題就會主動去找策略，拚命向前衝。可以說，解決狀態和故事兩個層面的問題後，你在任何時候都能找到創業的合夥人。狀態對了，任何人都能成為合夥人。

當我們與其他人的狀態一樣時，我們與對方的同頻度就越高。因為我們很難找到策略相同的人，從物理上講，知識、策略、背景、見解等都要同頻，這樣你與團隊成員才會認同彼此的策略。如果狀態、故事同頻，就是策略不同也沒關係，因為雙方的目標是一致的。

其實在很多時候，發揮領導力，需要的不是別人的理解，而是支持。搞通這個邏輯後，你就知道什麼是領導力。弱者才希望被理解，強者都會不約而同的獲得別人的支持。當一個人支持你時，他不會跟你理論對錯，因為他認為你說的都對。

如果你的主管總是希望別人理解他，那麼他根本不會當主管。當主管具備了被人支持的能力之後，就像拿破崙（Napoleon Bonaparte）——世界上最有領導力的領導者，他根本不需要別人來理解，只需要被別人支持。

可以說，我們要和團隊成員在狀態、故事上實現同頻，最後再達成策略上的同頻，這就是最好的領導力。利用這種方式，你才能帶領自己的團隊跑得更快，而不是自己跑得更快。這樣，你的創業項目才能向著正向飛速發展。

■ 團隊是否成功，取決成員之間的合作與思想契合度

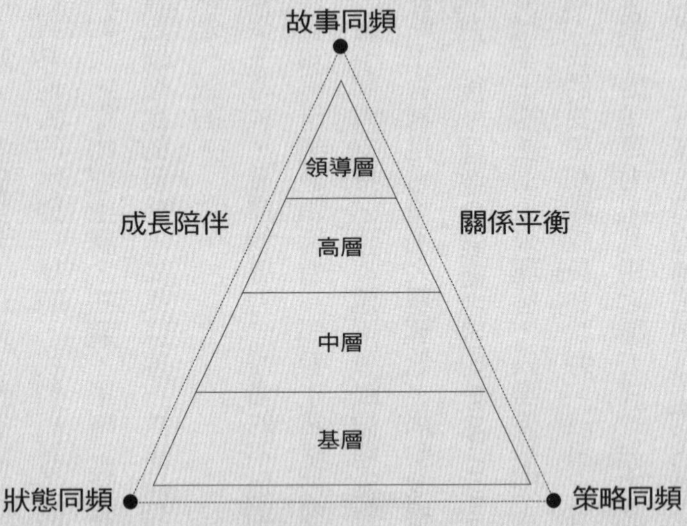

- 在創業過程中，當你已做到領導人階段，那麼你最大的任務就是平衡好大家的關係。除了要平衡領導關係，還要平衡員工的心理。
- 要和團隊成員在狀態、故事上實現同頻，最後再達成策略上的同頻，這就是最好的領導力。這樣，你的創業項目才能向著正向飛速發展。

7 如何搞定主管

想主管所想，急主管所急，善於把事情做在前面，能滿足其需求，你才能真正「搞定」主管。在職場中，你若想更進一步獲得提拔和升遷，首先要做的就是搞定你的主管。你跟主管的關係處好了，才能以最快速度獲得更多資源和機會。

職場上一般有兩個圈子，一個叫職位圈，一個叫核心圈。如果你剛好處於核心圈當中，那麼你能知道主管有什麼喜好、身邊有什麼人、經常去什麼地方、有哪些人脈資源等。但要跟主管搞好關係，這些資訊你只能自己知道，絕不能隨便分享。

某天和一位同事去參加朋友的聚會。聚會結束後，我跟朋友有私事要談，同事就在樓下一邊等我，一邊跟其他幾個來參加聚會的老闆的司機聊天。就在很短的時間內，他們老闆有幾輛車、車牌多少、家住哪裡、做什麼生意等，司機全告訴我的同事了。後來他跟我說這件事時，我非常吃驚。老闆怎麼敢用這樣的司機？

想跟主管打好關係，要先學會保密，不能別人問什麼跟主管有關的資訊，你都告訴人家。

其次，你要把主管的一切事情都放在自己事情的前面。他交給你的事情，你要按時間、按品質、按分量的完成。比如，你是司機，那麼你每天最重要的工作就是提前準備好主管的車，既讓車保持清潔，還要讓主管坐在車上能隨時拿到水喝、隨時給手機充電、能隨時扔掉手裡的垃圾。車上還要有行車記錄器，哪天用車、車從哪裡出發、到了哪裡、走多少公里……一一記下來，在恰當時讓主管簽字。

這些工作與開車沒直接關係，但當你把這些事都做在前面時，主管會看到你的用心。世上有一個永不變的規律，是只有你對人付出真心，才能換來他人的真心。

再舉個例子，假設主管從公司到家的路有三條：一條路是快的，另一條路是穩的，還有一條路是慢的。作為司機，你一般會帶著主管走哪條路？

當主管有急事要處理，這時每分每秒都很珍貴。而你非常清楚走哪條路最快，就算這條路平時不走，路不平，但關鍵時候卻能發揮重要作用。如果主管應酬時喝多了或遇到問題不開心，這時要走比較平穩的路。這條路上最好沒有減速帶，也沒有坑坑窪窪，便於主管在車上好好的休息；假如主管有些事情需要思考時，可以走慢一些的路，可以讓他有比較充足、安靜的時間來思考問題。

當主管遇到不同的情況，你能為他選擇不同的路，他一定會對你刮目相看，甚至認為你就是司機界的天花板。這時，主管也一定離不開你。不管做任何事，只要有能力做到行業天花板，你就可以超越同行業其他人。

此外，你要善於尋找機會滿足主管的需求。比如，你有某項其他人不具備的優勢，那麼在他需要時，你就大顯身手，以給主管留下深刻印象、產生好感。

滿足了以上幾個條件，主管就會充分信任你，平時你也會有更多的機會接觸他。這時，你再跟主管推心置腹，告訴他，你在他身上學會很多東西，頂得上自己奮鬥十年。這會讓主管更加高興，也更願意幫助你，為你指路。

對於任何人來說，如果你身邊沒有好的機會，你要做的就是努力破圈；但如果你身邊有機會出現時，一定要抓住，並借助機會展現自己的價值，讓更多優秀、厲害的人看到你的價值。這樣，你才有可能真正突破自己，讓人生更上一層樓。

■ 如何搞定主管？

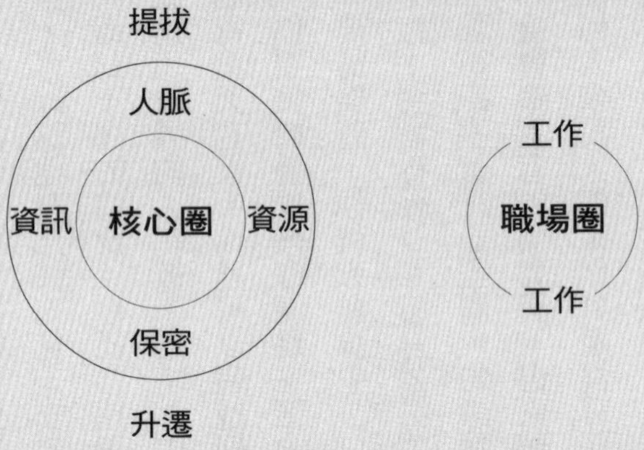

- 想跟主管搞好關係，首先，你要學會為主管保密，不能別人問你任何跟主管有關的資訊，你都告訴人家。其次，你要把主管的一切事情都放在自己事情的前面。
- 如果你身邊沒有好的機會，你要做的就是努力破圈；但如果你身邊有機會出現時，你一定要抓住，並借助機會展現自己的價值，讓更多優秀的人、厲害的人看到你的價值。

8 成功與失敗都該被平等對待

領導者始終保持好奇心和學習力，比擁有高智商更重要。

失敗有時比成功更能為企業帶來機會。領導者應該以失敗為契機，不斷鼓勵員工學習和成長。

多年來，我有幸向身邊許多優秀的企業家和企業領袖學習，了解他們的一些很厲害甚至很偉大的特質。他們都非常聰明，也很有才華，可以帶領企業走得很遠。但他們也會犯錯，儘管這些錯誤有時可能是無意或出於好意，可這些錯誤卻會讓他們落入陷阱，既無法使他們成為超級領導者，也可能導致企業走向深淵。

根據我的經驗，我認為創業者或企業領導者經常陷入兩個典型的陷阱中。

第一，創業者或企業領導者都太聰明，凡事喜歡自己一手包辦。

有人可能不解，「聰明難道也有錯？」聰明當然不是錯，但過度聰明卻可能為企業經營帶來風險。

在當今這個競爭激烈的世界裡，有些領導者總覺得應要證明自己知道多少，這樣才能展現出自己是負責、能幹的領導者。但對於企業員工而言，他們並不在意主管層知道什麼，他們更在意的是主管、老闆關不關心自己，能不能聆聽員工心聲，是否能與他們進行高效溝通。

我在做諮詢工作時，經常需要進行一對一溝通。我每次都會先問對方：最近怎麼樣？家人還好嗎？能給我講講你最近的收穫嗎？然後我才開始逐步轉向工作內容，與對方深入溝通。

我為什麼要這樣做？因為我們都是人，越分享彼此的共同點，越與其他人展開合作。領導者更應該學會傾聽團隊的聲音，並向團隊成員保持透明，這樣才能擁有高效溝通的能力，也才能真正建立起自己在團隊裡的領導力。

作為創業者和企業領導者，你需要不斷的向他人學習。尤其在當今這個瞬息萬變的世界中，每天湧現新技術、新思想，領導者必須不停向周圍人學習並且適應，這樣才能讓自己快速成長，從而在關鍵資訊和關鍵決策上做出最優的判斷。如果領導者總是把關注點放在自己應該知道什麼上面，就會喪失與員工有效溝通、讓自己成為有效領導者的機會。

最厲害的領導者，往往都擁有獨特的智商和情商，但我相信，始終保持好奇心和學習力的領導者，比那些擁有高智商、高能力，獨當一面的人更重要。因為領導者越聰明、越能幹，就越容易在團隊當中包辦所有，讓團隊失去力量。

第二，過度關注失敗的結果，導致團隊對失敗過於恐懼。

失敗應該是最好的團隊建設機會，這句話請記住。雖然每個人都想成功，但我們總要接受一些不符合期望的事情，接受一些很困難、很不舒服的事。有些公司在某個階段遇到了成長瓶頸，或需要進行關鍵性創新時，很多領導者會對團隊施壓，且不斷塑造後果壓力。比如告訴員工，若你沒完成這件事，就會造成什麼後果。

這種做法相當於給團隊營造一種破釜沉舟的情緒。**這類主管認為，這樣放大失敗後果，可以促使團隊更有動力解決問題，獲得成功。殊不知，最後可能事與願違，**甚至產生相反的效果，**讓事情失去容錯和試錯的創新氛圍，讓團隊失去真正敢**

於承擔責任的人。

更糟糕的是，這種做法會讓員工認為一旦犯錯，便會面臨有如世界末日般。這樣的領導在員工眼裡多麼恐怖！而這種行為帶來的直接後果就是，員工不願跟公司共同推動未來的發展，更不想一起承擔風險，遇到問題也只想著如何逃避責任。

成功和失敗都應該被平等的對待，這才是最好的團隊建設。

員工成功當然可喜可賀，失敗了也應該有機會獲得獎勵，因為員工的膽量可嘉。這樣，員工才願意把失敗當成學習和調整的機會。

我欽佩的最有效率的領導者，會在企業中創造一種文化——員工可以不斷被鼓勵學習和成長，即使犯錯，從錯誤中總結出經驗和教訓，也可獲得獎勵。這樣的領導者才是最高明的，他們能意識到，失敗有時比成功更有價值，因為它可以為企業尋找真正發展和進步的機會，可以啟動真正的人才，從而孕育出企業未來的成功。

在當今快節奏、高度競爭的市場環境中，不是所有企業都有能力承擔失敗風險。如果企業過度專注於短期利益和業務增長，尤其是一些中小企業和初創型企業，太迷戀表面的流量、業務資料和現金流情況，就無法停下來調整企業未來可能面臨的風險和挑戰，以至於一直讓企業處於高風險的增長焦慮中。但往往在這個時候，團隊和企業最容易失控，也是最容易導致業務嚴重下滑。

任何企業都必須保持最少兩條腿走路，一條是穩定的業務，一條是增長的業務。如果在不斷增長的業務上花大量時間和精力，來創新突破，為員工個人成長和團隊成長創造機會，就會令穩定的業務碰到挑戰。穩定的業務受到挑戰時，企業容易陷入無人可用的狀態中，還可能直接導致團隊的分崩離析，甚至是企業業務的直接死亡。

作為企業的領導者，你不能盲目跟風追求短期利益，而是要堅持長期主義，讓企業前行的步伐慢一點、穩一點。當企業能持續的創造個人能力和團隊能力共同成長的氛圍時，你會發現，你的團隊更加有靈感、有凝聚力、有承擔力，也更容易在突圍當中創造佳績。

■ 兩個致命領導力陷阱

領導者始終保持好奇心和學習力，比擁有高智商更重要。

兩個陷阱	創業者或企業領導者都太聰明，凡事喜歡一手包辦。
	過度關注失敗的結果，導致團隊對失敗過於恐懼。
失敗有時比成功更有價值，因為它可以為企業尋找真正發展和進步的機會，可以啟動真正的人才，從而孕育出企業未來的成功。	

9 所謂領導力，就是主管的氣場

領導者之所以有領導力，是因為他有氣場。

真正的領導者，擁有的權力一定來自大眾內心深處對他的信服。而在這份信服之中，氣場就起著關鍵作用。

你認為什麼人氣場更強大？

有人認為身材高大的人有氣場，但身材瘦小的拿破崙卻令部屬戰慄、令對手膽寒；有人認為穿著華麗的人有氣場，但幾年前火遍全國的流浪大師沈巍，雖然衣衫襤褸，舉手投足間卻散發出儒雅的氣質，談笑風生中，更展現出了淵博的知識。這也讓他產生了強大的氣場，因而一時被萬人追捧，成為明星。

可見，氣場與身材、穿著等沒有關係。真正有氣場的人，首先具有發自內心深處的自信，這種自信並不會因為自己貧窮、醜陋、身分低微而消失，它根植於靈魂深處。

正如石油大王洛克菲勒（John Davison Rockefeller）曾說：「即使有一天我身無分文，被丟棄在沙漠之中，只要有一個駱駝商隊經過，我照樣可以建立起一個商業帝國。」這就是真正的自信。

另外，一個擁有強大氣場的人，一定有豐富的人生閱歷，在某種程度上也突破了各種心靈上的限制，驅散內心深處的各種恐懼、猶豫和彷徨。事實上，**凡是我們恐懼的，一定都在控制著我們**。

一個做事畏首畏尾的人，不可能擁有強大氣場。而世界頂尖人物與成功者都具有強大的氣場，而且都是善於利用氣場的高手，比如一些政治家、演說家等，一出場講話，就會表現出不一樣的氣勢。

氣場有分強弱。氣場弱的人缺乏自信，內心十分脆弱，做事缺乏激情，往往容易被外界環境影響和掌控。而氣場強的人總是無比自信，擁有強大的內心，能掌控自己和周圍的環境。這種氣場通常來自他們的自信、淡定、樂觀、健康以及積極向上的態度。

一個人的氣場通常是由溝通訊號組成的，這種訊號中包含了他的行為、處事風格等，比如你喜歡用什麼語言來表達自己，你說話時喜歡用什麼手勢、什麼眼神或者其他的肢體語言來表達情緒等。就像武俠小說中的組合拳，靈活運用拳法，才能在不同的場合釋放出不同的人格魅力，獲得不同人的支持。

既然氣場有這麼重要的作用，那麼企業領導者該如何修練？我認為可以透過下面四點來進行。

1. 專注力

許多大型企業的CEO都屬於專注型溝通人物的代表，比如伊隆·馬斯克、比爾·蓋茲等，都是崇尚專業、極致平等工作氛圍的總裁，與員工交流過程中，體現出完全的尊重，所以受到大家的愛戴。

專注是效率的靈魂。愛迪生（Thomos Edison）就曾提出，高效工作的第一要素就是專注，能將能量都鍥而不捨的用在同一個問題上，且不感到厭倦。如果一個人能將他的時間和精力都用在一個方向或一個目標上，就會成功。

有一位很厲害的企業家說過：「集萬力於一孔，這個世界上就沒有做不到的事情。」只要你集中所有力量做一件事，就沒有做不成的。

被稱為壽司之神的日本企業家小野二郎，在二十五歲時立志成為一名壽司師傅。從那以後，他一生都在研究這個技藝。而他做出來的壽司，食客每每吃下去，臉上都會洋溢滿足、欣喜，還有驚詫。小野二郎說：「一旦你選定了職業，你必須全心投入工作中；你必須熱愛自己的工作，千萬不要有怨言；你必須窮盡一生磨練技能。這是成功的祕訣，也是讓人敬重的關鍵。」

當一個人能專注眼前的事物時，就可以更加深入的理解和感受，也可以散發出專注與從容的氣場。

2. 有遠見

一個聽過賈伯斯演講的朋友跟我說，賈伯斯每次講話都很堅定，富有激情，讓聽者的每一根神經都在吶喊。這就是有遠見的人所具備的氣場和力量。

有遠見的人不但有堅定的夢想，即使遇到糟糕的問題，也總能描繪出美好的未來，並給出實現目標的路徑。他們對身邊的人要求很高，近乎嚴苛，身邊跟他們一起做事的人可能不喜歡他們，但又願意追隨他們。因為在充滿不確定性的世界裡，人們更願意追隨那些意志堅定、目標明確的人。

3. 親和力

親和力是可以透過肢體溝通表達出來的，尤其是眼睛。一些從未被全身心接納的人，在具有親和力的人面前，總會感覺被發現、被接納、被認同，因而也更願意信任、追隨他們，這就是親和力的作用。

一些優秀的企業家具有強大的影響力，是因為他們有親和力，在與人溝通中展現出極大的溫情和完全的接納態度。他們善於傾聽、具有同理心，能感受到別人的情緒變化，因此知道如何溝通會讓別人更舒服。遇到這樣的人，哪怕是第一次見面，你都會感受到對方的親切和關心，什麼話都願意掏心跟他說。

在現實生活中，即使你沒有響亮的頭銜，也不善於描繪未來的藍圖，只要擁有親和力，就足以讓你擁有美好的人際關係，讓你成為一個有人緣、有氣場的人。

4. 有權威

當你需要展示自身的專業、特長或力量時，你就需要具備一定的權威。

作為領導者，你在職場上可透過四點來樹立權威：肢體語言、外表、頭銜和他人的反應。如果你希望在員工面前樹立威信，就可以穿簡潔幹練的服飾，使用簡短有力的語言等，來展現專業和有領導力的一面。

如果一個人管理企業卻沒有強大的氣場，是很難服眾、很難做好管理。氣場是一個人精神能量的外放，是一種隱形的能量，要自行修練，必須是發於內形於外，由內而外散發出來的。因此，氣場是領導力的重要組成部分。

■ 企業領導者如何提升氣場

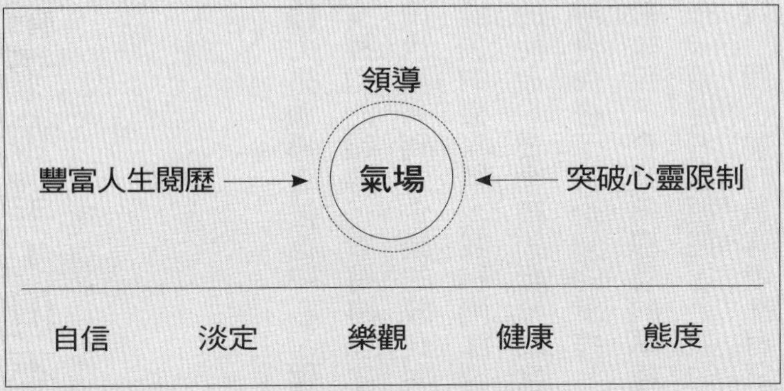

1 專注力：高效工作的第一要素就是專注，能將身心能量都用在同一個問題上，且不感到厭倦。

2 有遠見：做事具有遠見的人，不但有著堅定的夢想，即使遇到糟糕的問題，也總能描繪出美好的未來，並給出實現目標的路徑。

3 親和力：一些優秀的企業家之所以具有強大的影響力，是因為他們有親和力，在與人溝通中展現出了極大的溫情和完全的接納態度。

4 有權威力：作為領導者，你在職場上可透過四點來樹立自己的權威力：肢體語言、外表、頭銜和他人的反應。

氣場是一個人精神能量的外放，是一種隱形的能量，要自行修練，必須是發於內形於外，由內而外散發出來的。這才是一個領導者真實不虛的氣場。

10 給予希望，但不要給欲望

掌控力是領導者把握中心、駕馭全域的重要體現。

有掌控力的領導，看待事物才能更高、更遠，面對問題也能抓住主要矛盾，做出的決策也更有利於企業的成長與發展。

在過去的幾年裡，我和團隊調研了數千家創業型企業，見證不少企業要麼沒完成最初的使命，要麼被迫賣掉或直接關閉。而導致這些結果的一個重要原因，就是企業領導者失去了對企業的掌控。

一般來說，企業領導者的掌控力主要體現在四個層面。

第一，領導者必須把握企業的戰略方向。

任何一個企業的領導者都有三件重要的事要做：幫企業找方向、人才和資金，且順序不能錯。企業的方向正確、團隊優秀，資金會主動找上來。所以，很多大企業的戰略方向都是由領導者親自決策，這也是企業領導者要做的第一件重要事。

第二，能明確的掌控企業核心團隊，如擁有股權、投票權及人事任免權等。

二〇一九年，一位身價千億美元的企業創始人在一個機構講課時，有領導者學員問他：「您覺得核心團隊有幾個人合適？」這位企業創始人回答：「我認為公司核心的高管，包括領導者本人在內，最多只能有三個。」

曾經有一個創業公司，在C輪融資（按：指創業公司過了種子期，從發展早期開始融資，C輪就是指第三次）以後，企業創始人本人的股份只有一八%，另三個聯合創始人的股份加起來超過了一八%。於是，三個聯合創始人就聯名向董事會申請，要把原始創始人換掉，最後董事會同意了。而這三個聯合創始人當了領導後，互相爭權奪利。在這個過程中，競爭者趁機入侵，結果公司破產。

這就是一個典型的案例，領導者失去掌控造成惡果。如果你不想自己的公司步入這樣的後塵，對你的企業核心團隊就一定要有絕對的掌控力。

第三，企業文化和思想工作必須由領導者或創始人本人來做。

創業企業的價值觀往往是領導者本人價值觀的投射，在塑造企業的組織文化當中，企業創始人和領導者在企業價值觀塑造方面的作用是無可替代的。一旦涉及違反企業價值觀的事情，必須果斷處理。

第四，創業公司的早期融資需要企業領導者親自去做。

企業領導者是最了解自己企業業務、價值觀及未來戰略方向的人。雖然後期可能會把這一切交給專業團隊去做，但在創業早期，領導者參與融資是必不可少的。

以上四點，企業領導者都必須親力親為，這樣才能有效的掌控企業。與此同時，企業領導者也要避免自己陷入掌控力的誤區中。

首先，企業創始人不要輕易承諾讓別人接班。我遇過一個企業老闆，據說他曾向三個核心團隊成員口頭承諾，他再做三年就不做了，讓他們輪流當董事長。結果那三個與他年紀相仿的合夥人都認為自己要當老大，於是聯手將他踢出局。

可見，企業創始人絕對不能輕易向合夥人或員工承諾將來怎麼樣，更不能做出相互矛盾的承諾，否則可能會給自己和企業帶來災難。

企業領導者一定要記住，在**核心團隊的合作夥伴上，可以給他們希望，但不要**

給他們欲望。因為當一個人的欲望燃燒起來時，會喪失人性，甚至會突破自己的理性思維。當一個人變得不夠聰明時，他就開始犯錯了。

其次，當領導者發現核心團隊裡有人拉幫結派，要盡早處理，否則會有危險。有個反面案例，企業CTO（技術長）和銷售人員拉幫結派，領導者認為這構不成威脅，就沒干涉。結果後來一出事，領導者要對CTO收權時，之前CTO拉幫結派的幾個人便聯合起來，出去自立門戶，企業資源也都被掏空了。

一個企業可以有山頭，但這個山頭必須是企業的創始人或直接領導者。旁人可以圍繞創始人或直接領導者形成山頭。除此之外，絕對不能有第二個山頭。只要出現第二個山頭的苗頭，必須馬上除掉，不要有任何僥倖心理。

再次，**企業成立時，不要平分股權或三分天下，這會導致企業先天性不足**。

如果一個企業有四個創始人平分股權，那麼創始人自己就等於只占二五％股權。這時，企業一旦遇到經營問題，或者需要做出重大決策時，總要徵求所有人的意見，那麼企業肯定會遭遇危機。大家要記住：**謀只能是寡，幹可以是眾**。

商場如戰場，市場訊息瞬息萬變。如果企業領導者做決策時總要經過民主討論，那等你做出決策時，早就喪失市場機會了。

我有位英國朋友在國外時，很榮幸的擔任他所在地區的議員。他說，他擔任議員期間最大的「收穫」，是準備在街上建一個過街天橋，而有一部分人反對。於是，他們據此展開討論，這一討論就是三年。這是多麼低效的一件事。

一些國外企業雖然聲稱決策民主，但其實在真正做決策，尤其是一些重大的方向性決策時，仍然會由企業領導者親自來做。比如，蘋果公司的創始人賈伯斯，很多人說他獨斷專行，這也是他人格當中非常重要的一個特質。但正因為他的獨斷專行，才成就了蘋果公司今天的輝煌。

領導者的獨斷專行比很多普通人多年的思考結果更有效。作為領導者，你可以徵求核心團隊的意見，但最終拍板的決策人，必須是你本人。

當然，人的精力都有限，企業領導者的主要工作原則應是抓大放小，一些細節的業務可以交給部屬。這樣才能既保持目標行動的一致性，又能維持創新的活力。

還有，企業創始人或領導者需要持續掌控資本等外部參與者。

企業早期融資時，企業創始人和領導者必須親自參與，因為他們最了解企業現狀、目標等，在與資本的談判過程中，也可以判斷好壞，避免引狼入室。且領導者還需要了解資本選擇與自己的調性，以及與企業戰略是否相匹配等。

創業本就是一件很難的事，最起碼要選擇能幫忙而不是給企業添亂的資本。在互相了解和彼此尊重的前提下，再與資本約定好各種規則。

最後，我還要提醒企業領導者，在與資本簽訂投資協議時，一定要注意兩個字：「對賭」。只要有這兩個字存在，就意味著你需要付出一定代價。所以，我經常把對賭稱為有代價的交換。還有，如果協議條款中寫有「遵守此條款時，參照另一條款」等字樣，那麼這兩個條款都有可能對你構成一定的威脅，因為這涉及了一些邏輯上的遊戲規則。

總而言之，企業的創始人、領導者需要掌控戰略方向、企業價值觀、核心團隊和早期融資等方面，這是企業未來發展的基石。凡事都會產生結果，想要給企業帶來好的結果，領導者對公司的掌控力就必須絕對穩固才行。

■ 給予希望，不要給欲望

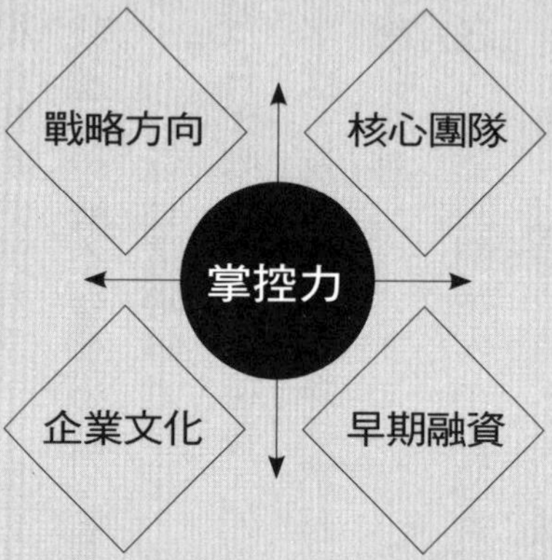

掌控體現4個方面：

1 領導者必須把握企業的戰略方向。

2 領導者對企業核心團隊具有明確的掌控力，比如股權、投票權以及人事任免權等。

3 企業文化和思想工作必須由領導者或創始人本人來做。

4 創業公司的早期融資需要企業領導者親自去做。

重點整理

1. 領導者最先要領導的應是自己。
2. 成功取決於在重要的時間做重要的事，而不是做很多的事。
3. 第一個創業問題，是學會借助身邊人的智慧、智力和資源。
4. 失敗有時比成功更能為企業帶來機會。
5. 風口既能把「豬」吹上去，風停了也能讓「豬」掉下來。
6. 成功和失敗都應該被平等的對待，如此員工才願意把失敗當成學習和調整的機會。
7. 對待核心團隊的合作夥伴，可以給希望，但不要給欲望。因為當一個人的欲望燃燒起來時，會喪失人性。
8. 謀只能是寡，幹可以是眾。

國家圖書館出版品預行編目（CIP）資料

出手吧！活著就要上C位：能力比你差，機會總是比你好？因為你沒有被人看見、聽到。高手讓我學到的變富、交友、處事最強法則。／恒洋著 . -- 初版 . -- 臺北市：大是文化有限公司，2025.03
320面；14.8×21公分
ISBN 978-626-7648-06-3（平裝）

1. 成功法

177.2 113020094

Think 289

出手吧！活著就要上 C 位

能力比你差，機會總是比你好？因為你沒有被人看見、聽到。高手讓我學到的變富、交友、處事最強法則。

作　　者／恒洋
校對編輯／楊明玉
副 主 編／陳竑悳
副總編輯／顏惠君
總 編 輯／吳依瑋
發 行 人／徐仲秋
會計部｜主辦會計／許鳳雪、助理／李秀娟
版權部｜經理／郝麗珍、主任／劉宗德
行銷業務部｜業務經理／留婉茹、專員／馬絮盈、助理／連玉
　　　　　　行銷企劃／黃于晴、美術設計／林祐豐
行銷、業務與網路書店總監／林裕安
總 經 理／陳絜吾

出 版 者／大是文化有限公司
　　　　　臺北市 100 衡陽路 7 號 8 樓
　　　　　編輯部電話：（02）23757911
　　　　　購書相關資訊請洽：（02）23757911 分機 122
　　　　　24 小時讀者服務傳真：（02）23756999
　　　　　讀者服務 E-mail：dscsms28@gmail.com
　　　　　郵政劃撥帳號：19983366　戶名：大是文化有限公司

香港發行／豐達出版發行有限公司
　　　　　Rich Publishing & Distribution Ltd
　　　　　香港柴灣永泰道 70 號柴灣工業城第 2 期 1805 室
　　　　　Unit 1805, Ph.2, Chai Wan Ind City, 70 Wing Tai Rd, Chai Wan, Hong Kong
　　　　　Tel：21726513　Fax：21724355
　　　　　E-mail：cary@subseasy.com.hk

封面設計／孫永芳　內頁排版／邱介惠　印刷／韋懋實業有限公司
出版日期／2025年3月初版
定　　價／新臺幣 420 元
I S B N／978-626-7648-06-3
電子書 ISBN／9786267648049（PDF）
　　　　　　9786267648056（EPUB）

原著作名：【出手：高手出手就是定局】
作者：恒洋
本書由天津磨鐵圖書有限公司授權在港澳臺及新馬地區獨家出版發行，